독자의 1초를 아껴주는 정성!

세상이 아무리 바쁘게 돌아가더라도
책까지 아무렇게나 빨리 만들 수는 없습니다.
인스턴트 식품 같은 책보다는
오래 익힌 술이나 장맛이 밴 책을 만들고 싶습니다.

땀 흘리며 일하는 당신을 위해
한 권 한 권 마음을 다해 만들겠습니다.
마지막 페이지에서 만날 새로운 당신을 위해
더 나은 길을 준비하겠습니다.

독자의 1초를 아껴주는
정성을 만나보십시오.

미리 책을 읽고 따라해 본 베타테스터 여러분과
무따기 체험단, 길벗스쿨 엄마 기획단,
시나공 평가단, 토익 배틀, 대학생 기자단까지!

믿을 수 있는 책을 함께 만들어주신 독자 여러분께 감사드립니다.

(주)도서출판 길벗 www.gilbut.co.kr
길벗이지톡 www.eztok.co.kr
길벗스쿨 www.gilbutschool.co.kr

사두면
오르는
경기도
아파트

사두면 오르는 경기도 아파트

초판 발행 · 2021년 3월 3일

지은이 · 박희용(부동산히어로)
발행인 · 이종원
발행처 · (주)도서출판 길벗
출판사 등록일 · 1990년 12월 24일
주소 · 서울시 마포구 월드컵로 10길 56(서교동)
대표전화 · 02)332-0931 | **팩스** · 02)322-0586
홈페이지 · www.gilbut.co.kr | **이메일** · gilbut@gilbut.co.kr

기획 및 책임편집 · 최한솔(sol@gilbut.co.kr) | **영업마케팅** · 정경원, 최명주
웹마케팅 · 이정, 김진영 | **제작** · 손일순 | **영업관리** · 김명자 | **독자지원** · 송혜란, 윤정아

편집진행 및 교정교열 · 김동화 | **디자인** · 강수진 | **일러스트** · 김태은 | **전산편집** · 예다움
출력 및 인쇄 · 금강인쇄 | **제본** · 신정제본

ISBN 979-11-6521-488-3 13320
(길벗도서번호 070451)

정가 17,500원

· ·

독자의 1초까지 아껴주는 정성 길벗출판사

길벗 IT실용서, IT/일반 수험서, IT전문서, 경제실용서, 취미실용서, 건강실용서, 자녀교육서, 어학단행본, 어학수험서
더퀘스트 인문교양서, 비즈니스서
길벗스쿨 국어학습서, 수학학습서, 유아학습서, 어학학습서, 어린이교양서, 교과서

페이스북 · https://www.facebook.com/gilbutzigy
유튜브 · https://www.youtube.com/ilovegilbut
네이버포스트 · https://post.naver.com/gilbutzigy

사두면 오르는 경기도 아파트

부동산 시장의
상승을 주도할
경기도 주요 지역 16
전격 분석

박희용(부동산히어로) 지음

길벗

정보 홍수 시대,
부동산도 예외가 아니다

우리는 정보 홍수 시대에 살고 있다. 물론 부동산 관련 정보도 예외가 아니다. 우리나라에서 가장 많은 인구가 살고, 가장 풍부한 개발호재가 있는 경기도에는 특히 더 많은 부동산 정보가 떠돌아다닌다. 마음만 먹으면 뉴스, 유튜브, 블로그, 지자체 홈페이지, 건설사 홈페이지, 부동산 관련 단톡방 등을 통해 새로운 부동산 정보를 아주 쉽게 얻을 수 있다.

대부분의 사람은 이렇게 얻은 정보를 바탕으로 투자 계획을 세운다. 그런데 이때 중요한 것이 있다. 그것은 바로 '여기저기에 떠돌아다니는 정보를 100% 믿을 수 있느냐'다. 만약 그 정보를 100% 믿을 수 없다고 판단한다면 실제 나에게 도움이 되는 정보는 무엇인지, 과감하게 걷어내야 할 정보는 무엇인지 구분하는 눈이 필요하다. 그런데 이런 눈을 가지는 것은 생각보다 쉽지 않다. 다양한 경로를 통해 부동산 투자 실패 사례를 끊임없이 소개하고 경각심을 불어넣고 있지만, 사람들의 억울한 사연이 끊이지 않고, 기획부동산에 당하는 사람들이 여전히 많다.

넓은 시야로 정보를 바라보면 진짜와 가짜가 보인다

　내막을 들여다보면 부동산 사기를 당하거나 투자에 실패한 사례가 계속 발생하는 이유를 알 수 있다. 당장 인터넷 뉴스나 유튜브 영상만 봐도 콘텐츠를 만든 사람마다 조금씩 다른 주장을 하고 있다는 것을 알 수 있다. 즉 같은 개발호재를 놓고도 사람마다 전혀 다른 해석을 내놓을 수 있다는 뜻이다. 부동산에 처음 입문하는 사람이나 경험이 많지 않은 사람은 수많은 콘텐츠 중 하나를 보고 그 말을 진리처럼 받아들인다. 바로 그때 문제가 발생하는 것이다.

　그렇다면 어떻게 해야 수많은 부동산 정보 중에서 나에게 도움이 될 정보와 그렇지 않은 정보를 구분할 수 있을까? 우선 넓은 시야로 지역 전체를 보고 각 호재를 객관적으로 평가할 수 있어야 한다. 예를 들어 자신의 집 앞으로 전철이 들어온다면 남들이 좋다고 하니 그저 '대박이네!'라고 생각할 것이 아니라, 그 노선이 신설 노선인지, 파생된 노선인지 파악하고, 파생된 노선이라면 기존에 본선이 지나간 지역은 이전에 비해 어떤 변화가 있었는지, 큰 변화가 있었다면 단지 이 노선 때문인지, 다른 것과 시너지를 이룬 것인지, 시너지를 이룬 것이라면 그 지역만의 독특한 특징이 철도 계획과 함께 시너지를 냈는지 등을 종합적으로 볼 수 있어야 하는데, 이런 눈은 지역 부동산 시장에 대한 폭넓은 이해와 경험이 만들어준다. 경험은 하루아침에 쌓을 수 있는 것이 아니므로 지역 부동산 시장에 대한 폭넓은 공부와 이해가 선행되어야 한다.

경기도 유망 투자 지역에 대한 이해를 도울 지침서

경기도는 해마다 인구가 늘고 있고, 나라 전체를 통틀어 부동산 개발호재가 가장 풍부한 곳이다. 당연히 많은 자금이 유입되고, 가격 변동도 크며, 사람들의 관심 또한 가장 많이 집중되어 있다. 그만큼 기회가 많아 큰 수익을 기대할 수 있지만, 자칫 낭패를 볼 가능성도 크다.

이러한 현실을 감안하여 누구나 쉽게 찾고, 쉽게 이해할 수 있는 데이터를 바탕으로 경기도 지역의 현재 상황과 미래가치를 평가하고, 각 지역 부동산 시장 고유의 특징을 면밀히 파악해 어떤 아파트를 어떤 관점에서 사고팔아야 하는지 명확한 근거를 제시하는 차별화된 지침서가 필요하다고 생각했다.

이 책에 우리나라 최대 부동산 시장인 경기도 주요 지역에 대한 세밀한 분석과 경기도에서 부동산 투자를 하기 전에 반드시 알아야 할 입지 분석 노하우를 정리했다. 이 책을 통해 부디 자신에게 익숙한 지역만 바라보지 말고, 경기도 전역을 폭넓게 보면서 투자자는 괜찮은 수익을 거두고, 실거주자는 시장의 가격 흐름과 같이하는 똑똑한 내 집 한 채를 마련할 수 있기를 바란다. 또한 각 지역의 특징을 이해하고, 관심이 가는 지역에 직접 가 임장도 하면서 경기도에 얼마나 많은 기회가 있는지 직접 체험해보기를 바란다.

부동산히어로
박희용

차례

글을 시작하며

정보 홍수 시대, 부동산도 예외가 아니다 · 004

1부

대한민국 부동산의 미래, 경기도를 주목하라!

기회는 있지만 변수가 많아 많은 공부가 필요한 지방이나, 변수는 적지만 현실적으로 일반인이 투자하기 어려운 서울에 비해 경기도는 변수도, 투자 금액도 적어 투자자들에게 늘 관심을 받고 있다. 최근 서울 부동산 가격의 급상승으로 투자자금이 부족한 많은 사람이 경기도로 눈을 돌리고 있다. 과연 경기도는 정말 투자가치가 있을까? 왜 우리는 경기도에 주목해야 할까? 지금부터 경기도가 왜 대한민국 부동산의 미래인지 확인해보도록 하자.

부동산 최대 시장,
서울보다 경기도에 주목하라!

우리나라 인구의
4분의 1이 살고 있는 경기도

우리나라는 과거부터 현재까지 경기도의 인구 과밀 방지를 위한 정책을 수도 없이 펼쳤지만, 오히려 인구는 조금씩 증가하고 있다. 통계청의 발표에 따르면 2020년 기준 인천광역시에 약 294만 명, 경기도에 약 1,340만 명이 살고 있다. 한마디로 우리나라 인구의 4분의 1이 경기도에 살고 있는 것이다.

이렇게 특정 지역에 인구가 편중되어 인구수는 점점 늘고 있는데, 그들이 살아야 할 주택 수는 탄력적으로 늘지 못해 집값이 고공행진을 하는 등 여러 문제점이 발생했다. 이런 문제점을 해결하기 위해 수십 년 동안 인구분산정책을 펼쳤음에도 경기도의 인구수는 줄어들지 않으니 이제는 정부도 인위적으로 인구를 분산하는 것은 사실상 힘들다는 것을 인정할 필요가 있다. 지금 현 상황에 맞는 대책을 마련하는 것이 현실적이다.

정부의 부동산 정책, 그 결과는?

정부도 이러한 상황을 인지하고 주택 공급의 필요성을 인식해 현재 경기도의 그린벨트를 해제하여 3기 신도시와 크고 작은 택지를 공급하고 있고, 공공임대주택을 늘려 서민들이 보다 안정적인 주거생활을 할 수 있도록 정책을 펼치고 있다.

하지만 이 두 가지 정책은 치명적인 문제점 때문에 한계를 보이고 있다. 그린벨트가 무엇인가. 도시를 개발하더라도 주변 녹지 공간은 최소한 이 정도 필요하니 개발을 최대한 제한하고, 자연환경을 적극 보전하자는 취지로 지정한 것이다. 즉 그린벨트를 무분별하게 풀어 택지를 공급하는 것은 운동을 열심히 해 몸에 근육을 잔뜩 키워놨는데, 폐의 상당 부분을 잘라내 숨 쉬기 힘들게 만들어놓은 꼴과 같다. 건강을 위해 운동을 하는데, 가장 기본이 되는 호흡을 제대로 하지 못하게 만들어놓으면 어떻게 되겠는가?

4기 신도시 이야기도 나오고 있는 상황에서, 더 이상 그린벨트를 풀어 대규모 신도시를 공급하는 일은 지양해야 한다. 후손들이 숨 쉴 공간은 남겨두어야 하지 않겠는가? 그린벨트 해제는 집값 잡으려다 결국 사람 잡는 결과를 초래한다는 사실을 절대 잊지 말아야 한다.

공공임대주택을 대거 공급하는 것도 근본적인 문제를 전혀 해결하지 못하는 정책이다. 공급이 말 그대로 진짜 제대로 된 공급이 되기 위해서는 공급된 주택 수만큼 수요 역시 감소되어야 한다. 그런데 공공임대주택에 입주하는 사람들은 어떤 마음을 가지고 있을까? '이제 평생 집 걱정 없이 편하게 살아도 되겠다'라고 생각할까?

그렇지 않다. 지금 당장의 상황을 고려해 어쩔 수 없이 공공임대주택에 입주하지만 언젠가는 내 집 마련을 해야 한다는 생각을 할 것이고, 평소 관심 있게 보던 지역에서 신규 아파트 분양 소식이 들릴 때마다 무주택 상태의 장점을 적극 활용해 내 집 마련의 기회를 잡으려 할 것이다. 즉 공공임대주택 공급으로는 과밀화된 수요를 감소시킬 수 없고, 그들은 언젠가 다시 실수요가 될 잠재 수요다.

이렇듯 경기도는 인구는 꾸준히 늘고 있지만, 늘어나는 인구를 감당할 주택은 부족하고 신규 주택을 공급하는 것조차 쉽지 않은 상황이다. 따라서 경기도에서 인구가 집중되는 지역을 중심으로 집값은 계속 강세를 보일 수밖에 없다.

불패 시장 서울,
하지만 그림의 떡?

그렇다면 서울은 어떨까? 비록 인구수는 해마다 조금씩 줄어들고 있지만, 가장 선호도가 높은 지역은 역시 서울이다. 여건만 된다면 경기도보다 서울이 더 좋은 시장인 것은 틀림없는 사실이다.

2020년에 서울 아파트 평균 매매가가 10억 원을 돌파했다. 아무리 대출의 힘을 빌린다 해도 10억 원이나 되는 큰돈을 무리 없이 조달할 수 있는 사람이 과연 얼마나 될까? 부모, 형제자매 등 누군가의 도움으로 집을 사더라도 자금 출처를 명확히 밝혀야 하고, 부동산 대책으로 세율이 대폭 강화되어 각종 세금 부담에서 자유로울 수 없다. 자

• 서울 아파트 평균 매매가 변동 추이 •

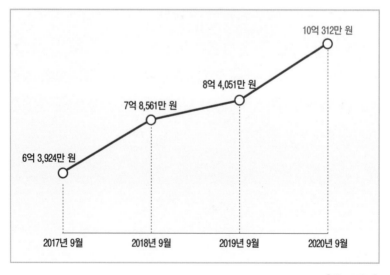

출처: KB리브온

력으로 서울에 아파트 한 채 마련하는 것도 어려울 뿐만 아니라, 누군가의 도움을 받더라도 신경 써야 할 것과 걸림돌이 한두 가지가 아니다.

리스크가 큰 지방, 초보자에게는 더더욱 위험하다

지방은 어떨까? 지방은 해마다 인구가 큰 폭으로 감소하고 있다. 하지만 지역경제의 큰 축을 담당하는 기반산업이 확실한 지역은 인구도 많고, 해마다 인구 전입 또한 꾸준한 추세다. 그런데 이러한 지역은 역설적이게도 지역경제를 책임지는 기반산업에 너무 많은 것이 걸려 있는 경우가 대부분이다. 외부 요인으로 인해 기반산업이 위축되면 지역경제 또한 한순간에 무너지고, 인구는 썰물처럼 빠져나가 집값은 단기간에 폭락하고 만다.

울산광역시를 예로 들어보자. 울산광역시의 대표적인 기반산업은 조선업이다. 울산광역시가 조선업을 중심으로 한 대표 공업 도시로 자리 잡을 수 있었던 것은 수출과 수입에 유리한 입지 조건 때문이다. 1970년대에 조선소가 건설되면서 공업 도시로서의 기초를 다지기 시작했고, 2020년 기준으로 울산광역시와 경상남도 거제시의 조선소에서 생산한 선박을 합하면 세계 2위를 차지할 정도로 규모가 엄청나다.

다음은 2016~2017년, 2020년 울산광역시의 집값 변동 추이를 정리한 표다.

• 2016~2017년, 2020년 울산광역시 집값 변동 추이 •

2016.06	−0.03%	2017.09	−0.02%
2016.07	−0.14%	2017.10	−0.08%
2016.08	−0.11%	2017.11	−0.21%
2016.09	0.01%	2017.12	−0.20%
2016.10	0.08%	2019.12	0.40%
2016.11	0.02%	2020.01	0.33%
2016.12	−0.04%	2020.02	0.43%
2017.01	−0.12%	2020.03	0.37%
2017.02	−0.06%	2020.04	0.15%
2017.03	0.01%	2020.05	0.10%
2017.04	−0.05%	2020.06	0.28%
2017.05	−0.06%	2020.07	0.45%
2017.06	−0.11%	2020.08	0.43%
2017.07	−0.05%	2020.09	0.61%
2017.08	−0.13%	2020.10	0.62%

출처: 한국감정원

울산광역시의 조선업이 2016~2017년 국제 유가 하락으로 해양플랜트 발주가 바닥을 보이면서 기반산업 자체가 흔들리기 시작했고, 대규모 실업 사태를 초래했다. 이는 일자리를 잃은 근로자들과 그들의 가족이 타 지역으로 전출하는 원인이 되었고, 주택 공급은 거의 그대로인 반면, 주택을 매수할 수요가 급감하면서 울산광역시는 이

기간 동안 우리나라 부동산 시장 상황과 무관하게 집값 하락을 면치 못했다. 참고로 이때는 서울 및 수도권에서 아파트를 사놓기만 하면 웬만해서는 다 돈이 되던, 갭 투자(전세를 끼고 집을 매매하는 투자법)가 성행하던 시기였다. 그나마 2020년에 집값이 지속적인 오름세를 보인 이유는 예년 수준까지는 아니지만, 해양플랜트 발주량이 회복세를 보이고 있고, 서울 및 경기도에 집중된 부동산 규제의 여파로 많은 투자 수요가 지방 대도시로 이동했기 때문이다.

이렇듯 지방은 나라 전체 부동산 시장이 활황이라도 기반산업이 무너지면 그 지역 아파트 가격 역시 속절없이 무너지고 만다. 지역경제를 힘들게 하는 외부 요인 중에는 객관적인 지표를 통해 예측 가능한 것도 있다. 하지만 외부 요인이 코로나19처럼 전혀 예측도, 대응도 되지 않는다면 어떻게 되겠는가. 지방 부동산 시장은 리스크가 상당히 크다. 지금 당장은 기반산업의 활성화로 집값이 강세를 보인다 하더라도 한순간에 변할 수 있다는 사실을 늘 염두에 두어야 한다. 이러한 점에서 지방 부동산 시장은 초보자들에게 적합하지 않다.

교통 호재가 곧 부동산의 가치, 경기도를 주목하자

서울이나 지방보다 경기도를 주목해야 하는 이유는 무엇일까? 그것은 바로 대부분의 광역철도 개발 계획이 경기도에 집중되어 있기 때문이다.

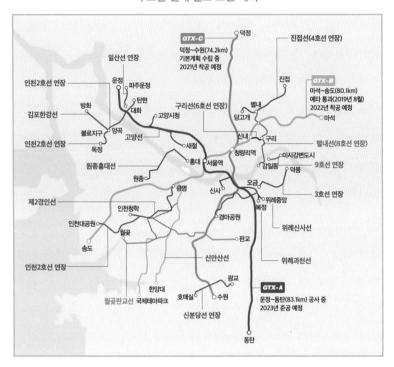

• 수도권 전체 철도 노선 계획 •

GTX-C
덕정~수원(74.2km)
기본계획 수립 중
2021년 착공 예정

진접선(4호선 연장)

GTX-B
마석~송도(80.1km)
예타 통과(2019년 8월)
2022년 착공 예정

벌내선(8호선 연장)
9호선 연장
3호선 연장

GTX-A
운정~동탄(83.1km) 공사 중
2023년 준공 예정

출처: 국토교통부

광역철도 개발은 현 정부의 주력 사업일 뿐만 아니라, 앞으로도 엄청난 예산이 집중되고, 그동안 물리적 거리상 서울로 출퇴근이 불가능했던 경기도 외곽 지역이 서울과 같은 생활권이 된다는 점에서 매우 가치가 있는 사업이다. 결국 철도 노선의 가치에 따라 해당 역세권 아파트로 인구가 집중될 수밖에 없고, 인구 집중은 집값 상승으로 귀결될 것이다.

물론 지역별 격차는 있지만, 경기도처럼 해마다 인구가 늘고, 확실한 개발호재가 풍부한 곳은 가장 많이 그리고 가장 빨리 집값이 상승하고, 외부 요인으로 경제가 어려워져도 가장 적게 그리고 가장 나중에 집값이 하락한다.

즉 경기도는 지방보다 리스크는 적고, 서울에 비해 많은 기회가 있는 시장이다. 이것이 바로 경기도를 주의 깊게 봐야 하는 이유다. 전국에서 경기도만큼 투자 수익과 더불어 많은 경험을 쌓을 수 있는 시장은 없다.

입주 물량으로 바라본
경기도 아파트 시장의 현재와 미래

집값에 큰 영향을 미치는
공급 물량

현 정부뿐 아니라 과거에도 집값을 잡기 위한 정책은 꾸준히 나왔다. 세금을 강화하기도 했고(취득세, 양도소득세율 인상), 기존에 없던 세목을 신설하기도 했으며(참여정부의 종합부동산세 신설), 거래가 활발하게 이루어지지 못하도록 분양권 전매를 제한하기도 했다.

그러나 집값을 잡기 위한 가장 효과적인 방법은 그 어떤 정책보다 '특정 시장이 부담스러울 만큼' 많은 주택을 단기간에 공급하는 것이다. 여기서 주의 깊게 볼 문구가 있다. 단순히 몇 만 가구를 공급하는 것이 아니라, 반드시 특정 시장이 부담스러울 만큼의 공급이어야 한다는 것이다.

서로 다른 두 지역에 동일한 세대의 대단지 아파트가 들어온다고 가정해보자. 어느 지역은 대단지 아파트가 들어와도 별 부담이 되지 않지만, 반대로 어느 지역은 주변 집값을 상당히 조정할 만큼 많은 공급이 된다. 왜 이런 현상이 발생하는 것일까?

일정 세대 이상의 주택이 공급되어도 별 영향을 받지 않는 지역은 대부분 서울 및 경기도 주요 지역이다. 이런 지역은 기회만 된다면 누구나 살고 싶어 한다는 공통점이 있는데, 달리 표현하면 꾸준한 실수요와 든든한 잠재 수요가 언제든 준비되어 있다는 것이다.

누구나 선망하는 좋은 입지를 갖춘 지역에 신규 아파트를 공급하면, 먼저 그 지역에 살고 있던 수요 일부와 외부에서 들어온 수요 일부가 신규 아파트에 입주하고, 남은 기존 주택을 외부 수요가 채우면서 그 지역은 전반적으로 거래량이 상승한다. 활발한 거래는 집값 상승을 견인하는 원동력이 되므로, 신규 아파트를 필두로 그 지역의 집값은 동반 상승하게 된다.

그렇다면 반대의 경우는 어떨까? 상대적으로 선호도가 떨어지는 경기도 외곽에 대단지 아파트가 공급되는 경우를 생각해보자. 이런 지역은 투자 수요보다 실수요가 많기 때문에 매물이 잘 나오지 않는다. 간혹 매물이 나오더라도 선호도가 떨어져 거래가 잘 성사되지 않는다. 이런 상황에서 많은 공급 물량이 쏟아진다면 앞의 경우와 달리, 외부에서 들어오는 수요는 거의 없고, 대부분 그 지역에 살고 있던 수요가 신규 아파트 입주를 희망한다.

그런데 신규 아파트에 입주하려면 살고 있던 주택을 팔아야 하는데, 시세대로 매물을 내놓으면 거래가 성사되지 않는다. 기존 주택이 팔리지 않는다면 어떻게 될까? 조금이라도 빨리 처분하기 위해 다른 매물과 경쟁하며 점점 호가를 낮춘다. 시세 대비 20% 이상 낮춘 매물이 어쩌다 거래가 성사되면, 이 정도면 거래가 되겠다고 판단해 너도나도 그 가격으로 수정해 매물을 내놓는다. '호가는 가까운 미래의 실거래가가 된다'라는 말이 있듯, 주변 주택은 신규 아파트 입주가 완전히 마무리될 때까지 상당 기간 가격 조정을 받게 된다. 지역 선호도에 비해 공급 물량이 많을수록 주변 주택이 가격 조정을 받는 기간은 늘어난다.

공급 물량을 통해 알아보는 주목할 만한 지역

이렇듯 시장 상황 대비 과도한 공급 물량은 아무리 뛰어난 개발호재가 있다 하더라도 주변 집값을 하락시키는 주된 원인이 된다. 따라서 경기도 부동산 시장을 제대로 이해하기 위해서는 경기도 각 지역 개발호재의 가치만을 파악하는 것보다 가까운 미래에 예정된 공급 물량이 얼마나 되는지와 연계해 이해하는 것이 중요하다.

• 경기도 지역별 아파트 입주 물량 •

(단위: 호)

지역	2019년	2020년	2021년
인천광역시	17,002	18,644	16,029
김포시	540	16,888	2,806
시흥시	14,626	13,217	1,903
화성시	22,071	12,187	6,948
안산시	4,589	10,175	1,450
의정부시	2,897	7,756	2,993
평택시	16,708	7,054	5,918
파주시	300	5,826	3,252
고양시	13,624	5,820	–
하남시	3,684	5,196	9,351
양주시	1,566	5,157	2,091
성남시	3,071	5,132	7,241
남양주시	15,292	4,497	9,039
광명시	20	3,604	798
의왕시	5,742	3,564	1,006
과천시	–	2,988	4,874
부천시	736	2,219	1,187
안성시	1,419	1,861	–
용인시	13,368	1,663	2,980
구리시	8	1,365	410
오산시	5,299	686	–
수원시	7,011	598	10,177
광주시	2,373	587	1,478
연천군	–	564	–
여주시	388	526	551
안양시	1,817	388	10,509
동두천시	–	376	–
이천시	1,671	305	1,525

포천시	–	254	829
양평군	102	–	–
가평군	161	–	221
군포시	2,414	–	–

출처: 부동산114(2021년 1월 기준)

이는 경기도 전역의 아파트 입주 물량을 정리한 표다. 이 책에서 다루지 않은 도시의 입주 물량도 확인해보자는 의미에서 모두 정리해보았다. 편의상 입주 물량이 확정되지 않은 2022년 이후는 제외하고, 확정된 최근 3년간의 물량을 중심으로 비교 분석했다.

표를 통해 알 수 있듯 경기도 전역의 입주 물량은 점점 감소하는 추세다. 경기도 주요 지역의 입주 물량과 각 지역의 특징을 간단히 비교 분석해보면, 앞서 언급한 '왜 경기도를 주목해야 하는가'에 대한 주장과 맥락이 일치한다.

부동산 시장 흐름이 비슷한 김포시와 안산시

김포시와 안산시는 비규제 지역 프리미엄을 누렸고, 일정 조건을 갖춘 아파트만 가격이 상승하는 등 부동산 시장 흐름이 비슷하다. 두 곳 모두 신도시가 조성되거나 신규 택지 공급이 있는 지역이다. 두 도시가 구체적으로 어떤 공통된 부동산 시장 흐름을 보이고 있는지는 2부에서 더욱 자세히 다루도록 하겠다.

주목할 것은 당장 이 두 곳의 입주 물량이 2021년부터 급감한다는 것이다. 정책이 획기적으로 변하지 않는 이상 수요는 꾸준할 것이다. 김포시는 아직 대형 개발호재가 확정되지 않았지만, 안산시는 신안산선 공사가 계속 진행 중이므로 2021년 이후부터 일정 조건을 충족하는 곳이라면 다시 한 번 집값 상승의 기회를 노려볼 수 있는 상황은 마련되어 있다.

갈수록 입주 물량이 줄고 있는 평택시와 고양시

평택시는 다른 지역에 비해 그동안 집값 상승폭이 작거나 오히려 하락했다. 하지만 해를 거듭할수록 입주 물량이 급격하게 감소하고 있고, GTX-C노선 평택 연장 사업 같은 대형 개발호재가 기다리고 있어 그동안의 가격 흐름이 전환될 가능성이 있다.

2021년 고양시에는 입주 물량이 없다. 고양 창릉신도시와 기타 택지개발지구의 입주가 본격적으로 시작되는 2022년 이후에는 다시 입주 물량이 증가할 것으로 예상하지만, 그 전까지는 집값 상승 여력이 있다. 그러므로 상대적으로 위축된 일산신도시 등은 GTX 정차 예정지를 중심으로 단기 상승 기간과 맞물려 마지막 기회가 될 수 있다.

갈수록 입주 물량이 늘고 있는 하남시와 성남시

하남시는 입주 물량이 해마다 늘고 있지만 그 폭이 크지 않고, 5호선에 이어 서울 주요 노선 도입이 줄을 잇고 있는 현실을 감안하면 입주 물량 증가가 집값을 안정시키기에는 다소 부족할 것으로 예상한다.

성남시 역시 하남시와 상황이 비슷하다. 비록 입주 물량은 늘고 있지만 소량이다. 하지만 성남시의 입지적 강점과 대규모 개발의 힘으로 조금씩 늘어나는 입주 물량을 극복하고도 남는다.

남양주시, 광명시, 구리시, 수원시, 군포시도 주목하자

먼저 남양주시를 보자. 2019년 대비 2020년에 입주 물량이 급감했지만, 2021년부터 증가하는 것을 확인할 수 있다. 왕숙신도시 공급이 본격적으로 시작되는 2022년 이후부터는 입주 물량도 급격하게 늘어날 것을 쉽게 예상할 수 있다. 왕숙신도시보다 입지적 열세에 있는 지역은 철저한 매도 전략이 필요하다.

광명시도 입주 물량이 거의 없다. 광명뉴타운 입주 물량이 나오기 전까지는 지금의 집값 강세가 이어질 것이고, 설령 입주 물량이 나오더라도 개발 규모를 감안할 때, 쉽게 진정되기는 힘들 것으로 보인다.

구리시도 입주 물량이 거의 없는 상태에서 8호선 연장 호재는 계속 남아 있는 상태다. 구리시의 집값 상승 또한 한동안 계속 이어질 것을 예상할 수 있다.

수원시는 광역시급 인구가 살고 있음에도 2020년 입주 물량은 인구 대비 거의 없다고 봐도 무리가 아니다. 비록 2021년부터 1만 가구 이상이 공급되지만, 그동안의 공급 부족으로 인해 신분당선과 GTX 개발호재가 있는 지역 위주로 집값 상승이 완만하게 이어질 것으로 보인다.

군포시는 2020년부터 2021년까지 2년간 입주 물량이 없다. 금정역 GTX 개발호재가 이미 산본신도시를 중심으로 4호선 역세권 아파트에 영향을 미치고 있는 것을 감안하면, 가격 상승폭을 누를 별다른 요소가 보이지 않는다.

경기도에서 미래가치가 높은 지역을 심도 있게 분석하기 전에 입주 물량을 기준으로 간단히 몇몇 주요 도시를 전망해보았다. 이어지는 2부에서는 미래가치가 높은 경기도 16개 지역을 개발호재 위주로 정밀 분석했다. 각 지역의 특징을 파악해 나만의 투자 기준을 세워보는 것도 상당한 재미가 있을 것이다.

현재와 미래
경기도 부동산 시세를 견인할 지역의
공통 특징

부동산 정책 남발에도
살아남는 지역은 있다!

경기도는 날이 갈수록 강화되는 부동산 정책의 집중 영향을 받는 대표적인 곳으로, 곳곳에서 크고 작은 택지 개발 사업이 활발하게 진행되고 있다. 부동산 정책이 강화되면 큰 틀에서는 정책 내용에 따라 파급효과를 지켜보자는 생각으로 관망세로 전환되고, 자금의 흐름이 둔화되어 부동산 시장이 일시적으로 숨 고르기를 한다. 그리고 내가 사는 지역 주변에 택지개발계획이 잡히면 상대적으로 입지적 열세에 있는 지역은 신규 공급 물량으로 인해 상당한 가격 조정을 피할 수 없다.

즉 지금의 경기도 부동산 시장 흐름은 앞으로도 상당 기간 유지될 가능성이 크므로, 결국 주변의 어떤 변화에도 흔들림 없는 좋은 입지를 가진 지역만 살아남을 것이다. 그렇다면 경기도에서 좋은 입지로 인해 현재는 물론이고, 앞으로도 미래가치가 높은 지역이 갖는 공통적인 특징은 무엇일까?

① 서울 업무 중심지로의 접근성이 좋거나, 좋아질 예정이어야 한다

현재 경기도 대부분의 도시는 다른 지역으로 이동하지 않고는 도시 내에서 먹고살 수 있는 자족 기능이 없다. 그래서 서울의 위성도시 역할에만 국한되어 있는 실정이다. 아무리 쾌적한 환경과 새 아파트를 공급한다 해도 출퇴근하는 데 매일 두세 시간씩 소요된다면 인구 유입은 제한적일 수밖에 없고, 결국 미래가치를 기대할 수 없다.

이런 현실을 감안할 때, 경기도 대부분의 도시는 서울 접근성이 매우 중요하다 할 수 있는데, 그렇다고 단순히 행정구역상 서울 경계까지의 거리가 가깝고 먼 것을 따져서는 안 된다. 서울에서 대기업 본사가 밀집되어 있는 강남이나 증권사가 밀집되어 있는 여의도는 일자리 수도 많지만, 결정적으로 평균 연봉이 높다. 반면 서울 외곽에는 양질의 일자리가 거의 없거나, 있다 해도 평균 연봉이 높지 않다. 연봉의 차이는 주택 구매력의 차이이고, 주택 구매력의 차이는 소득수준이 높은 사람들을 유입해 그 지역 집값을 더욱 견인하는 역할을 한다. 결국 서울 경계와의 단순 거리가 아니라 양질의 일자리가 있는 서울 업무 중심지와의 거리가 가까워야 한다는 뜻이다.

많은 사람이 코로나19로 인해 앞으로는 사무실이 별도로 필요하지 않은 언택트 시대가 될 것이라고 말한다. 실제로 사무실이 필요 없는 상황이 되거나 재택근무가 일상화된다면 현재의 흐름에 영향을 줄 수도 있지만, 서울 업무 중심지로의 접근성이 좋은 지역일수록 미래 가치가 높은 현상은 앞으로도 쭉 이어질 가능성이 크다.

② 물리적 거리보다 실제 접근성이 좋아야 한다

서울 업무 중심지로의 실제 접근성이 좋다는 것은 비록 지도상 거리는 멀다 해도 교통망이 잘 구축되어 있어 이동 시간은 길지 않다는 것을 의미한다. 그렇다면 왜 많은 사람이 빠른 이동을 중요하게 생각하는 걸까? 이는 우리나라의 경제 규모와 결부시켜 생각할 수 있다.

현재 우리나라 국민 중에서 오로지 먹고사는 것에 대한 걱정만으로 하루하루를 전전긍긍하며 사는 사람은 많지 않을 것이라 생각한다. 대부분의 사람이 직장에서 일하는 시간과 직장과 집 사이를 이동하는 최소한의 시간을 제외하고 나머지 시간은 자신의 경제 수준에 맞는 활동을 하고 싶어 한다. 즉 출퇴근에 시간이 너무 많이 소요되어 나의 소중한 시간을 뺏는 지역에는 거주하지 않으려 하고, 그런 지역은 미래가치를 기대하기 어렵다.

그렇다면 서울 접근성을 평가할 수 있는 지표는 무엇일까? 서울과 경기도의 교통 체계를 생각한다면, 가장 먼저 전철이 떠오를 것이다. 특정 도시에서 서울로 이어지는 노선이 있는지의 여부를 확인하고, 있다면 직접 이어지는지, 아니면 환승을 해야 하는지 확인해보자. 그리고 서울 변두리로 이어지는지, 양질의 일자리가 있는 서울 업무 중심지로 이어지는지 확인하고 최종적으로 소요 시간을 체크해보자. 만약 경기도 특정 지역에서 서울로 이어지는 노선이 있는데, 환승 없이 접근 가능하고, 더욱이 30분 이내에 서울 업무 중심지에 닿을 수 있다면, 그 지역은 지금은 물론이고 앞으로도 꾸준한 관심으로 미래 가치가 크다고 봐도 좋다. 설령 서울로 바로 이어지지 않고 환승을 한다 하더라도 30분 이내에 서울 업무 중심지에 닿을 수 있다면, 환승 여부는 크게 중요하지 않다.

서울 업무 중심지로 빠르게 접근이 가능하다는 것은 크게 두 가지로 생각해볼 수 있다. 첫 번째는 일반적인 속도로 운행하는 광역전철 노선이지만, 원래부터 서울과의 물리적 거리가 멀지 않아 노선의 존재 자체만으로도 인근 상위 입지 지역에서 인구가 꾸준히 유입되어 도시의 미래가치 상승에 큰 도움이 되는 경우다. 일반적인 속도로 운행하는 광역전철 노선으로는 5호선, 8호선 등을 들 수 있다.

두 번째는 비록 물리적 거리는 멀지만, 고속전철 노선이 연결되어 있어 접근 시간이 적은 경우다. 실제 출퇴근 시간이 줄어드니 물리적 거리는 무시해도 좋을 만큼 도시의 미래가치가 긍정적이다. 고속전철 노선으로는 신분당선, 신안산선, GTX 등을 들 수 있다.

· 전철 노선의 수혜를 받는 주요 도시 ·

5호선	하남시
8호선	구리시, 남양주시
신분당선	수원시, 광교신도시, 판교신도시
신안산선	안산시
GTX	동탄2신도시, 수원시, 양주시, 인천광역시, 남양주시

③ 규모가 커야 한다

도시의 규모도 향후 미래가치의 중요한 요소다. 도시의 규모는 절대적으로 몇 만 평 이상이어야 한다는 것보다는 상대적으로 큰 편에 속하는지, 작은 편에 속하는지 생각해보면 된다.

분당, 판교, 동탄이라는 지역명을 들어본 적이 있는가? 아마도 대부분의 사람이 그렇다고 대답할 것이다. 그렇다면 원흥, 행신, 장현은 어떠한가. 개인마다 차이가 있겠지만 분당이나 판교에 비해서는 모르는 사람이 월등히 많을 것이라 짐작한다. 사실 원흥이나 행신, 장현의 인지도가 낮은 것은 생활 인프라가 부족해 살기 불편하거나 대단한 혐오시설이 있어서 그런 것이 아니라 상대적 규모가 작아 외부에 많이 알려지지 않았기 때문이다.

도시의 규모가 크면 부동산 이슈도 많고, 다양한 매체에서 콘텐츠 주제로 자주 다룬다. 즉 자연스럽게 홍보가 된다. 필자 역시 유튜브를 통해 분당, 판교 등 큰 주목을 받는 도시들은 자주 다루었지만 장현은 한 번도 다룬 적이 없고, 원흥과 행신은 주변 3기 신도시를 설명할 때 딱 한 번 언급한 것이 전부다. 구독자들이 보편적으로 관심을 갖는 주제를 선정하다보니 필자도 모르게 이런 현상을 초래했다.

도시의 인지도는 투자 수요 유입과도 직결된다. 부정적인 내용이 아니라면, 특정 도시에서 일어나는 부동산 이슈가 자주 언급되는 것이 좋다. 도시 규모가 작아 외부에 노출되지 않으면 광범위한 투자 수요를 유입하는 데 어려움이 있고, 나아가 미래가치를 기대하기 힘들다.

다른 제반 조건이 비슷하거나 무시해도 좋을 정도의 차이라면, 누구나 잘 알고 있는 큰 도시가 미래가치 또한 크다.

끝이 보이지 않는 코로나19,
경기도 부동산 시장에 미칠 영향은?

코로나19로 인한 경제위기,
부동산 시장에 미칠 영향은?

현재 우리나라를 비롯한 전 세계는 예상하지 못한 코로나19로 인해 특정 분야가 아니라, 경제 전반에 많은 영향을 받고 있다. 현재 코로나19는 단순한 전염병 수준을 넘어 경제활동 자체를 차단하고 있다. 정부와 지자체에서 재난지원금을 지급하는 등 지역경제를 살리기 위해 애쓰고 있지만, 장기화된다면 이 또한 한계가 있을 것으로 보인다.

경기 침체가 장기화되면 부동산 시장도 영향을 받을 수밖에 없는

데, 우리나라는 이미 두 차례의 큰 경제위기를 경험한 바 있다. 이번
코로나19 사태가 앞선 두 차례의 경제위기와 어떤 차이가 있는지, 코
로나19 사태가 단기로 끝날 경우와 장기로 이어질 경우 어떤 파급효
과가 예상되는지 생각해보자.

IMF 외환위기,
부동산 시장의 상승 원동력은?

우리나라가 겪은 첫 번째 큰 경제위기는 1997년 IMF 외환위기다.
이름을 통해 알 수 있듯 경제 전반의 문제가 아니라, 대외 지급 수단
으로 사용하는 달러 부족으로 발생한 경제위기였다. 당시 핵심 정책
이 금리 인상이었는데, 금리를 대폭 인상했음에도 그나마 경쟁력을
갖춘 곳은 살아남고, 그렇지 못한 곳은 도태되는 방식이 주된 골자
였다.

당시 부족한 현금을 메우기 위해 부동산 급매물이 쏟아져 나왔다.
매매 시장은 하루가 다르게 침체되었지만, 경매 시장은 반대로 활황
이었다. 당시 정부는 부동산 시장 활성화를 위해 분양권 전매 제한
폐지와 서울에서 아파트를 매달 같은 날에 동시 분양하는 등의 부양
정책을 펼쳤다. 그 결과, IMF 외환위기가 발생하고 약 3년 만에 부동
산 시장은 완전한 회복세로 돌아섰다.

글로벌 금융위기, 거래 활성화 정책으로 급반등

우리나라가 겪은 두 번째 큰 경제위기는 2008년 글로벌 금융위기다. 외환위기 때와 달리 어느 한 분야의 문제가 아니라 경제 전반의 종합적인 금융위기 성격이 강했다. 정부가 단기간에 금리를 대폭 인상하면서 우리나라 전체 주택 가격은 평균 30% 급락을 경험했다. 상대적 입지가 떨어지는 경기도 아파트도 여지없이 큰 폭의 하락을 경험했다.

당시 정부는 주택의 양도소득세를 한시적으로 감면해주고, 주택 공급을 활발히 하는 등 거래 활성화를 위해 적절한 정책을 마련했다. 그로 인해 글로벌 금융위기가 닥치고 약 1년 후에 주택 가격이 급반등했다. 이때 2기 신도시 개발 사업이 주된 정책이었다.

코로나19 이후 시장 급반등? 회의적이지 않다

그렇다면 코로나19 사태는 앞선 두 차례의 큰 경제위기와 어떤 점이 다를까? 차이점을 명확하게 알 수 있다면, 코로나19 사태 이후에 이어질 경기도 부동산 시장을 예측하는 데 큰 도움이 될 것이다.

우선 가장 큰 차이점은 코로나19 사태는 부동산을 비롯한 경제 자체의 문제가 아니라는 것이다. 따라서 침체된 부동산 시장을 살리기 위한 별다른 부양책이 필요하지 않고, 사태가 마무리되면 빠른 시일 내에 정상으로 돌아올 여지가 있다. 더욱이 지난 경제위기 때는 업종에 따라 침체와 호황을 누리는 분야가 뚜렷했지만, 코로나19 사태는 분야를 막론하고 대부분이 침체를 겪고 있고, 금리가 점점 낮아지고 있어 사태만 진정된다면 많은 투자자금이 단기간에 부동산 시장으로 몰릴 가능성이 크다.

그렇다면 코로나19 사태가 조만간 진정된다면 어떤 파급효과를 예상해볼 수 있을까? 결론부터 이야기하면, 경기도 부동산 시장에 미치는 악영향은 제한적일 것이다. 경제 전반의 활동 위축은 불가피하겠지만, 앞서 강조했듯 코로나19 사태는 부동산 자체의 문제가 아니기 때문에 회복 속도가 빠를 것이다. 또한 금리 인하로 인해 부동산 시장에 몰릴 대기 자금의 크기를 고려하면 일정 기간 보합 후에 상승 흐름을 이어가거나, 경우에 따라서는 차이를 거의 느끼지 못할 수도 있다.

하지만 코로나19 사태가 앞으로 몇 년 이상 장기화된다면 경제성장률이 줄어드는 것은 물론, 경기도 부동산 시장에도 적잖은 침체를 가져올 것으로 예상한다. 시장 침체가 장기화되면, 부동산 매수 수요도 꼭 필요한 경우를 제외하고는 시장에 참여하지 않고, 대기 수요로 전환될 수 있다. 비록 금리 인하를 통해 자금을 확보할 수 있는 여력은 커졌지만, 시장 상황이 좋지 않기 때문에 당분간은 현금을 보유하고 있는 것이 낫다고 판단하는 사람이 많아질 수 있다. 이 기간이 길어진다면, 보합이 아니라 조정도 불가피하다.

다만 주택을 매입하지 않을 수는 있지만, 전세는 부동산 정책의 영향으로 경기도 전체가 상승하는 추세이기 때문에 매매가와 전세가의 차이가 점점 줄어들 가능성이 있다. 만약 코로나19 사태가 장기화되어 이런 현상이 심화된다면, 서울과 경기도 주요 지역을 중심으로 다시 한 번 부동산 투자 트렌드의 변화가 있을 것이다.

분명 지금의 코로나19 사태는 전 세계적으로 심각한 상황이지만, 문제의 원인이 부동산 자체에 있는 것이 아닌 만큼, 해결만 된다면 부동산 시장도 빠르게 활성화될 것이다. 지난 두 차례의 경제위기는 별도의 부양책이 필요하긴 했지만 빠르게 극복했고, 부동산 시장이 반등하는 데도 그다지 긴 시간이 필요하지 않았다. 그와 달리 별도의 부양책이 필요하지 않은 코로나19 사태는 결과적으로 가격은 조정되더라도 반등까지는 그리 오랜 시간이 걸리지 않을 것이라 전망한다.

1부에서는 경기도의 투자가치와 미래가치에 대해 이야기했다. 이제는 여러분들이 가장 궁금해할 '그래서 어디에 투자해야 할까?'에 답할 차례다. 경기도 지역 중 과연 어디가 미래가치가 높고, 나에게 시세 차익을 안겨줄 수 있을까? 필자는 이에 대한 답을 하기 위해 2부에서는 경기도 16개 주요 지역을 소개하고, 구체적인 데이터를 근거로 그 이유를 하나하나 설명하려 한다.

2부

미래가치가 높은
경기도 주요 지역 16

GTX-C노선 연장이 현실로?

평택 고덕국제도시

2003년 주한미군기지 이전 후 평택시의 발전을 위한 신도시 조성이 합의되었다. 경기도 평택시 서정동, 모곡동, 장당동, 지제동, 고덕면 일원에 위치해 있으며, 특별법과 국제화 계획지구 지정, 2008년 계획지구 승인을 거쳐 총 3단계 공사로 구분되어 진행된다. 세계 최대 반도체 단지가 될 삼성전자 평택캠퍼스가 들어서는 만큼 잠재력이 큰 도시다.

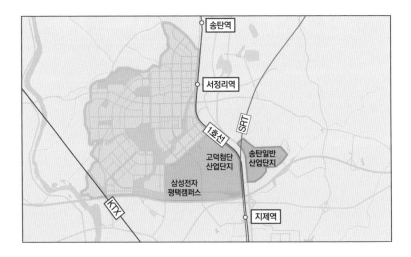

◌ 현재 고덕국제도시는?

서울까지 물리적 거리가 멀고, 기존 교통수단으로는 사실상 서울까지 출퇴근이 불가능하다. 일자리 수 자체는 풍부한 편이지만, 신도시 전체의 주택 구매력을 높여 아파트 가격 상승을 견인할 수 있는 고소득 양질의 일자리는 상대적으로 부족한 상태다.

◌ 고덕국제도시의 미래 모습은?

현재 계획 단계에 있는 GTX-C노선 평택 연장 사업이 확정되어 실질적인 서울과의 거리를 좁혀 출퇴근이 가능해져야 한다. GTX-C노선 평택 연장은 광역철도이므로 법적 거리 기준을 준수해야 하지만, 기준을 벗어나 있기 때문에 국가계획에 넣는 것은 어려운 상황이다. 향후 지자체가 예산을 직접 투자하거나 민자 건설 방식으로 대체해 사업을 추진할 것으로 예상된다. 삼성전자 평택캠퍼스 역시 완공 및 풀가동으로 고소득, 양질의 일자리가 보급되는 시기가 중요하다. 언제 100% 전력으로 가동하느냐에 따라 주변 아파트 가격에 많은 영향을 미칠 것이다.

◌ 딱 이것만 기억하자!

침체되어 있는 고덕국제도시와 평택시 전역의 부동산 시장을 활성화하는 길은 GTX-C노선 평택 연장 사업 확정과 삼성전자 평택캠퍼스의 100% 정상가동이다. 각 시기를 꾸준히 모니터링하며 대비하는 것이 중요하다.

13만여 명의 인구 유치 목표, 미래가치가 충분하다

고덕국제도시는 평택시 서정동, 장당동, 고덕면 일대에 조성 중인 2기 신도시 중 하나다. 2020년 말에 약 5만 5천 세대를 공급했고, 13만여 명의 인구를 유치한다는 목표로 사업이 활발하게 진행되고 있다.

고덕국제도시의 최대 장점은 삼성전자 평택캠퍼스가 조성된다는 것이다. 경기도 대부분의 도시가 자족 기능 없이 서울의 위성도시화가 된 것을 감안할 때, 삼성전자 평택캠퍼스가 고덕국제도시에 자리 잡는다는 것은 상상 이상의 가치를 가진다. 아직은 일부만 가동되고 있지만, 조금 더 시간이 지나면 완성된 모습을 갖출 것이다.

그리고 쌍용자동차 공장, 평택종합물류단지 등이 추가로 일자리를 제공하고 있어 고덕국제도시를 비롯하여 평택시 전역의 자족 기능에 상당한 기여를 하고 있다.

• 고덕국제도시 주변의 산업단지들 •

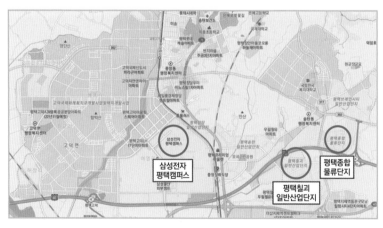

출처: 카카오맵

서울 접근성과
생활 인프라 구축이 시급

그럼 앞으로 고덕국제도시가 활성화되고, 궁극적으로 아파트 가격이 상승하려면 어떤 조건을 갖춰야 할까? 첫째, 서울 업무 중심지로의 접근성을 높여야 하고, 둘째, 서울이나 다른 지역으로 이동하지 않더라도 신도시 내에서 근로와 주거생활을 함께 누릴 수 있는 여건을 갖추어야 한다. 그리고 마지막으로 셋째, 생활하는 데 불편함이 없도록 그에 적합한 생활 인프라가 빨리 구축되어야 한다.

판교신도시처럼 서울 접근성도 탁월하고 도시 자체의 자족 기능도 갖추고 있다면 도시의 가치가 더 높아지는 것은 당연하다. 하지만 그렇지 못하다면 8호선 연장으로 서울 접근성이 좋아지는 다산신도시나 GTX-A노선으로 서울 접근성이 좋아지는 동탄2신도시처럼 일자리가 있는 타 도시로 빠르게 이동할 수 있어야 한다. 이런 기준을 두고 고덕국제도시의 미래를 전망해보자.

고덕국제도시의 가치를 급상승시킬
GTX-C노선 평택 연장

현재 서울지하철 1호선이 신창역까지 연결되어 있는데, 평택시에서는 평택역, 지제역, 서정리역, 송탄역 등에 정차한다. 하지만 기존 평택시 구도심에 속한 평택역이나 고덕국제도시와 기타 택지개발지구에 속한 서정리역, 지제역에서 1호선을 이용하더라도 서울로 매일 출퇴근하는 것은 사실상 어렵다. 따라서 기존 교통망 대비 서울 접근성을 높이는 고속전철의 존재는 주변 아파트 가치를 높이는 데 결정적인 역할을 할 수밖에 없다.

2020년 2월 27일, 경기도 화성시와 평택시, 오산시가 GTX-C노선의 화성, 평택, 오산 연장을 함께 추진하기로 업무 협약을 체결했다.

• 경기도청에서 발표한 보도자료 •

새로운 경기	보 도 자 료	보 도 일 시
공정한 세상		2020. 2. 27.(목) 배포 즉시

매 수	참고자료	사 진	담당부서 : 철도정책과 철도계획팀
2	○	○	과장 : ▨▨▨▨ - ▨▨▨▨-▨▨▨▨
			팀장 : ▨▨▨▨ - ▨▨▨▨-▨▨▨▨
			담당 : ▨▨▨▨ - ▨▨▨▨-▨▨▨▨

**도, 광역급행철도(GTX) C노선 경기남부 연장 위해
화성·평택·오산시와 힘 모은다**

○ 27일 경기도·화성시·평택시·오산시, 광역급행철도(GTX) C노선 화성·오산·평택 연장 상생협력 업무협약 체결
  - 경기도는 '광역 차원 중앙부처 협의', 화성시·평택시·오산시 '기초 차원 노력' 등
○ 이재명 지사 "교통인프라 확보 위해 힘을 합쳐 빠른 시간 내에 성과낼 수 있도록 노력할 것"

출처: 경기도청

이 업무 협약의 배경은 지속적인 택지 개발 사업으로 화성시와 평택시, 오산시가 다른 도시에 비해 인구증가율이 높고, 평택시 지제역에서 수원역까지는 기존 경부선 선로를 그대로 사용하면서, 각 역이

각 도시의 주요 거점 지역을 연결하고 있기 때문에 전체적인 사업비가 낮아 사업성이 충분하다는 것이다.

GTX-C노선 평택 연장 확정 여부는?

필자의 개인적인 판단으로는 충분히 사업성이 있어 보이지만, 이 사업 역시 국가 예산이 들어가는 만큼, 사업을 진행하기 위해서는 반드시 예비타당성 조사를 받아야 한다. 즉 예비타당성 조사를 통과하기 전까지는 사업의 확실성을 보장할 수 없다. 사업의 확실성이 보장되지 않는다면 경우에 따라 완전히 없었던 일이 될 수도 있기 때문에 이 소식 자체를 호재로 보고 섣불리 움직이는 것은 위험하다. 적어도 예비타당성 조사가 통과되어 사업의 확실성을 보장받은 후에 투자를 고려해야 한다.

GTX-C노선이 평택시까지 연장되기 위해서는 한 가지 더 해결되어야 할 것이 있다. 현행법상 광역철도 거리 지정 기준이 바로 그것이다. 대도시권 광역교통관리에 관한 특별법은 광역철도 거리 지정 기준을 서울시청이나 서울 강남역에서 반경 40km까지로 정하고 있다. GTX-C노선은 광역철도이기 때문에 거리 기준을 따라야 하는데, 강남역에서 평택시 지제역까지는 53km 떨어져 있어 현재로서는 국가계획에 넣는 것이 어려운 상황이다. 지자체가 예산을 직접 투자하거나, 민자 건설 방식으로 진행할 경우에는 국가철도망구축계획과 별도로 사업을 검토할 수 있지만, 이 역시도 막대한 자금이 필요하고, 여러 이해관계가 맞아떨어져야 하는 만큼 쉽게 결론이 나기는 힘들 것으로 보인다.

그렇다면 실제 GTX-C노선 평택 연장 가능성은 얼마나 될까? 물론 이 역시 최종 결론이 나오기 전까지는 누구도 알 수 없지만, 어느 정도 예상은 가능하다. GTX-C노선은 양주시 덕정역에서 수원시 수원역까지 74.8㎞를 연결하는 것이 확정된 가운데, 각 지자체가 각자의 명분을 내세워 왕십리역, 인덕원역을 포함한 10개의 정차역을 유치해줄 것을 국토교통부에 요구한 바 있다. 이에 국토교통부는 2020년 9월 거론되고 있는 10개 역 모두 노선에 추가하지 않을 것이라는 입장을 최종적으로 통보했다. 하지만 각 지자체는 여전히 주장을 굽히지 않고 있다.

국토교통부에서 각 지자체의 요구를 받아들이지 않은 이유는 간단하다. 각 정차역을 유치하기 위해서는 막대한 예산을 투입해야 하는데, 그에 반해 사업성이 부족하고, 무엇보다 GTX 도입 목적에 부합하지 않기 때문이다. GTX 도입 목적은 간단히 말해, 서울까지 접근하는 데 많은 시간이 소요되어 불편함이 있거나 출퇴근이 사실상 불가능한 지역에서 빠르게 서울 중심지로 접근 가능하도록 하는 것이다. 따라서 노선 중간에 추가 정차역이 생긴다면 GTX 도입 목적 자체를 심하게 훼손하는 것이 되어버린다. GTX 도입 목적에도 부합하지 않고, 거기에 막대한 예산이 들어가야 하는데 사업성마저 불투명하니 국토교통부의 수용 불가 통보는 어찌 보면 당연한 결과라 할 수 있다.

그렇다면 GTX-C노선의 평택 연장 사업은 어떤가? 지금도 평택시에는 50만 명이 넘는 인구가 살고 있고, 고덕국제도시를 중심으로 추가 인구 유입이 계획되어 있다. 평택시 인구뿐 아니라 오산시와 화성시 병점에 거주하는 인구 중 상당수가 GTX를 이용해 서울 출퇴근이 가능하고, 반대로 중앙에 집중되었던 인구도 상대적으로 저렴한 집값을 이유로 평택시, 오산시, 화성시 병점 쪽으로 분산되는 효과도 일부 있을 것이다.

더욱이 앞서 언급했듯 평택시, 오산시, 화성시는 지속적인 택지 개발로 다른 도시에 비해 인구증가율이 높고, 평택시 지제역에서 수원역까지는 기존 경부선 선로를 활용하게 되니, 예산은 적게 들고 이용할 사람은 많아 사업 타당성이 높다. 즉 평택 연장안은 GTX-C노선 추가 정차역 요구가 거부당했던 이유를 모두 충족하기 때문에 실현 가능성이 매우 높다고 볼 수 있다.

그러나 GTX-C노선 평택 연장 사업이 국가계획으로 진행되더라도 전체 사업비가 500억 원을 초과하거나 사업비로 투입되는 정부 예산이 300억 원을 초과할 경우에는 예비타당성 조사를 받아야 한다. 보통 신설 역사를 하나 건설할 때 500억 원 가까운 예산이 필요한 것을 감안하면, GTX-C노선 평택 연장 사업이 아무리 기존 선로를 공유하는 방식으로 전체 사업비를 줄인다 해도 예비타당성 조사 대상이 될 가능성이 크다.

여기서 문제는 기본 계획 수립이나 본 공사 기간은 예측이 가능하지만, 예비타당성 조사 통과 여부는 그 기간을 예측할 수 없을 정도로 각 노선마다 기간이 천차만별이라는 것이다. 사업 확정 여부 확인을 위해 GTX-C노선 평택 연장 예비타당성 조사가 어떻게 진행되고 있는지 수시로 체크할 필요가 있다. 일반 투자자는 시간이 날 때마다 인터넷 뉴스를 체크하길 권한다.

예비타당성 조사를 통과한다면, 어디에 투자해야 할까?

예비타당성 조사가 통과되어 사업이 확정되면 다음과 같은 순서로 아파트 가격 격차를 보일 것이다.

① GTX 정차역 역세권 범위에 들어오는 아파트
② 역세권 밖이지만, 연계 교통을 통해 쉽게 GTX 정차역 접근이 가능한 아파트
③ 연계 교통마저도 다소 불편한 아파트

이런 순서로 사람들의 수요가 집중될 것이고, 입지에 따라 자연스럽게 아파트 가격 격차가 발생할 것이다. 어떤 사람들은 평택시의 GTX-C노선 연장 사업처럼 대형 교통개발 소식이 들리면, 사업이 확정되기 전에 이미 아파트 가격에 반영되어 투자 목적으로 접근하기에는 늦었다고 말한다. 만약 모든 개발호재가 이미 아파트 가격에 반영되었다면, 사업 확정 후부터 실제 개통이 되어 운행되기까지 사업 진행과 상관없이 아파트 가격은 물가상승률 정도의 변동만 있어

야 한다. 그렇다면 지금까지 대형 개발호재가 있었던 주변 아파트 가격은 어떻게 변동했을까? 다음 표를 통해 확인해보자.

· 2016~2020년 창동주공3단지 매매가 변동 추이 ·

출처: 네이버부동산

이는 2016~2020년 창동주공3단지의 매매가 변동 추이를 나타낸 그래프다. 창동주공3단지는 GTX-C노선의 개발 수혜를 받는 역세권 아파트다. 매매가 변동 추이를 자세히 살펴보면, GTX-C노선이 2018년 말에 예비타당성 조사를 통과하고 사업이 확정된 이후 정상적인 가격 흐름과는 다른 양상을 보인 것을 알 수 있다. 결국 대형 개발호재의 수혜를 받는 지역은 개발 계획이 확정된 이후에도 의미 있는 소식이 들릴 때마다 물가상승률을 훨씬 상회하는 가격 상승을 보이고, 그로 인해 교통개발계획이 확정되어 최종 운행되기까지 매도 시점과 매수 시점이 여러 차례 있다는 것을 알 수 있다.

물론 중요한 사업이 확정되었다는 소식이 주변 아파트 시세에 일부 반영되어 이전에 비해 아파트 가격이 너무 많이 오른 것 같아 보여도 주변 개발호재에 의한 아파트 가격 변화의 생리를 이해하고 있다면, 매수 및 매도 타이밍을 잡을 때 별다른 혼란 없이 나만의 기준을 세울 수 있을 것이다.

고소득 일자리와 학군을 만들어낼 삼성전자 평택캠퍼스

앞서 언급했듯 고덕국제도시의 가장 큰 메리트는 삼성전자 평택캠퍼스라 해도 과언이 아니다.

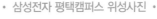

• 삼성전자 평택캠퍼스 위성사진 •

출처: 카카오맵

삼성전자 평택캠퍼스는 2015년에 착공하여 2021년 현재 일부만 가동되고 있다. 앞서 이야기했듯 고덕국제도시 주변은 일자리가 풍부한 편이지만, 그중 가장 높은 네임벨류와 규모를 자랑하는 삼성전자가 고덕국제도시에 엄청난 영향을 줄 수밖에 없다. 만약 삼성전자가 고덕국제도시의 실수요자와 투자자 유입을 이끌지 못한다면, 고덕국제도시뿐 아니라, 평택시 아파트 시장 전체에 부정적인 영향을 미칠 수 있다.

삼성전자 평택캠퍼스는 아직 완공된 것이 아니기 때문에 평택시가 목표로 하는 인구 확보에 큰 기여를 할 수 있는 잠재력이 있다. 하지만 무인 자동화 시스템이 제조업을 중심으로 활발히 보급되고 있다는 점, 생산직 근로자가 장기간 한 지역에 머물지 않는다는 점, 전반적으로 다른 직종에 비해 고소득 직종이 아니라는 점 등으로 인해 과연 삼성전자의 존재가 고덕국제도시 아파트 가격을 제대로 견인할 수 있을지 좀 더 지켜볼 필요가 있다. 그러나 현재 평택시 전역에 분포한 일자리들보다는 고소득 일자리인 것은 분명하므로, 삼성전자 평택캠퍼스가 100% 풀가동된다면 분명 주변 아파트 가격에 큰 영향을 미칠 것이다.

결국 실수요자의 유입을 이끌어 전세가율을 높이고, 매매가와 전세가의 격차를 좁혀 투자자까지 유입시키기 위해서는 제대로 된 생활 인프라 구축이 필요하다. 신도시는 30~40대 젊은 세대가 선호하는 만큼 그들의 자녀들이 다닐 학교가 제때 보급되는 것이 무엇보다 중요하다. 현재 고덕국제도시에는 초등학교 11곳, 중학교 5곳, 고등학교 5곳이 들어설 예정이지만 입주 세대수에 비해 턱없이 부족한 실정이다. 더욱이 고등학교는 2021년까지 아예 설립 계획이 없어 아직까지는 고덕국제도시 아파트로 실수요자가 활발히 들어올 상황이 아니다.

투자 포인트 전격 분석

🔑 고덕국제도시가 애초 구상대로 활성화되고, 평택시 전체를 이끌기 위해서는 몇 가지 문제가 해결되어야 한다. 첫째, GTX-C노선 평택 연장이 정식으로 예비타당성 조사를 통과해 확실한 사업성을 확보해야 한다. 둘째, 꾸준한 실수요자 확보를 위해 학교가 예정대로, 혹은 예정보다 빨리 개교해야 한다. 셋째, 삼성전자 평택캠퍼스 전체 가동 시기를 앞당기는 것은 물론, 실질적인 자족 기능을 위해 풍부한 일자리를 제공해야 한다.

🔑 고덕국제도시는 부동산 전문가들은 물론, 많은 사람이 2기 신도시 중에서 가장 잠재력이 큰 신도시로 평가하고 있다. 서울 중심지로의 접근성이 좋은 교통 여건과 도시 자체의 자족 기능 중 하나만 충족되어도 도시가 활성화되는데, 고덕국제도시는 두 가지 조건이 모두 충족될 가능성이 있기 때문이다. 아직은 무한한 잠재력만 가지고 있는 상태이지만, 앞으로 고덕국제도시를 비롯해 평택시가 어디까지 발전할지 사뭇 기대된다.

대규모 정비 사업, 변화의 파도가 일어날

광명시

성남시 다음으로 서울특별시 도시계획에 의해 조성된 서울의 위성도시 중 하나로, 주요 시가지가 서울 그린벨트 안에 있다. 베드타운 성격이 강하지만 서울 접근성이 좋다. 대규모 개발에 의한 도시 전체 가치 상승으로 꾸준한 관심을 받고 있다.

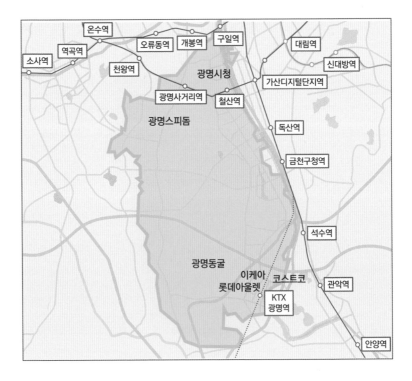

현재 광명시는?

비록 도시 자체는 경기도에서 작은 편에 속하지만, 서울 접근성이 뛰어나고, 광명뉴타운 및 철산주공아파트 재건축 등 대규모 개발이 진행되고 있어 지금은 물론 향후 미래가치도 매우 큰 도시다. 부동산에 조금이라도 관심 있는 사람이라면 광명시의 가치를 잘 알 것이다.

광명시의 미래 모습은?

광명시의 미래가치가 높은 이유는 각 사업의 규모가 전체 개발 규모 못지않게 크기 때문이다. 구역별 사업 진행 속도는 차이가 있지만, 하나씩 마무리되면 각 구역 자체의 가치 상승을 넘어 도시 전체의 가치를 높일 것이다. 재건축이 애매한 단지까지 동반 가치 상승을 기대해볼 수 있다.

딱 이것만 기억하자!

광명시는 지역 전체가 앞으로도 계속 가치가 높아질 것이다. 따라서 재건축 사업성을 갖춘 아파트는 물론이고, 사업성이 상대적으로 낮거나 희박한 아파트라도 성급하게 매도하지 말고 조금 더 보유하며 추이를 지켜보는 것이 바람직하다. 광명시보다 상급지인 서울 주요 지역이나 판교신도시 등으로 이동하는 것이 아니라면, 서둘러 매도할 필요가 없다.

인구 30만 소도시의 시세를 견인하는 것은?

광명시는 동쪽으로 서울과 바로 인접한 인구 30만이 조금 넘는 소도시이지만, 도시 규모에 비해 아파트 가격은 대단한 위세를 떨치고 있다. 광명시의 인지도가 본격적으로 높아지기 시작한 것은 광명역이 신설되면서부터다. 광명역 역세권 개발로 신축 아파트가 대거 들어서고 교통의 허브 역할을 하기 시작하면서 광명시의 인지도가 높아지기 시작하더니 지금에 이르렀다. 지금까지 광명역 주변 개발이 광명이라는 도시의 이름을 널리 알리는 견인차 역할을 했다면, 앞으로는 광명시 구도심이 중심이 되어 도시의 가치를 높일 것이다.

광명시 구도심은 대규모 개발지인 광명뉴타운과 철산주공아파트 재건축이 하나로 어우러져 대규모 개발이 이루어지고 있는데, 이와 같은 대규모 개발은 도시의 가치를 높이는 원동력이 된다. 지금부터 광명시에서 진행 중인 개발 사업의 규모와 대규모 개발이 도시 전체에 어떤 영향을 미치는지 정확한 근거를 바탕으로 광명시의 가치를 전망해보자.

광명뉴타운에 주목하자

다음은 광명뉴타운의 위치와 사업 추진 상황을 정리한 것이다.

현재 광명뉴타운의 사업 규모는 약 22만㎡로, 계획상으로는 약 2만 5천 세대가 입주하게 된다. 3기 신도시로 예정된 인천 계양신도시의 공급 물량이 약 1만 7천 세대이고, 대표적인 2기 신도시들의 공급 물량이 평균 3만 세대 전후인 것과 비교하면 광명뉴타운의 사업 규모는 도시 규모와 비교해도 크지만, 객관적인 관점에서도 상당한 규모라 할 수 있다.

· 광명뉴타운 구역별 사업 추진 상황 ·

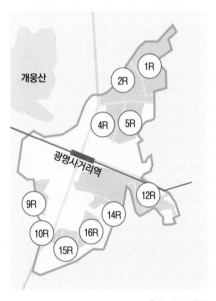

출처: 국토교통부

· 광명뉴타운 구역별 세대수와 시공사 ·

구역	세대수	시공사
1구역	3,585	GS, 포스코, 한화 컨소시엄
2구역	3,344	대우, 롯데, 현대 컨소시엄

4구역	1,967	현대
5구역	3,091	GS, 현대, SK 컨소시엄
9구역	1,524	롯데
10구역	1,051	호반
11구역	4,367	현대
12구역	2,117	GS
14구역	1,187	대우, 한화 컨소시엄
15구역	1,335	대우
16구역	2,104	GS, 두산 컨소시엄

출처: 광명시(2021년 1월 기준)

광명뉴타운은 총 16개 구역이 지정되었는데, 그중 3구역, 6구역, 7구역, 8구역, 13구역은 정비 구역 지정이 해제되고, 나머지 11개 구역은 사업이 활발히 진행 중이다. 16구역은 특히나 사업 진행 속도가 빨라 가장 먼저 입주를 시작했다.

표를 통해 알 수 있듯 사업 진행 속도가 가장 빠른 16구역을 포함해 전체 사업 구역의 입주 물량이 최소 1천 세대 이상이라 광명뉴타운 전체의 가치도 높지만, 구역별 가치도 높은 편이다.

현재 재건축 사업성이 낮은 아파트도 다시 보자

다음은 광명시 철산동 소재 아파트 중에서 재건축 연한이 도래한 아파트의 용적률을 정리한 표다. 물론 용적률만으로 재건축 사업성을 확신할 수는 없지만, 재건축 사업성을 짐작하는 의미 있는 지표로 활용하고 있다. 광명시 철산동 소재 아파트는 얼핏 봐도 재건축 사업성이 매우 좋은 단지와 애매한 것을 넘어 사업 자체가 불투명한 단지가 극명한 차이를 보이고 있다.

• 재건축 연한이 도래한 광명시 철산동 소재 아파트 •

아파트명	용도지역	용적률(%)	준공연도
철산주공12단지	2종 일반주거지역	159	1986
철산주공13단지		170	1986
우성		207	1989
영풍		76	1993
철산주공4단지	3종 일반주거지역	82	1985
철산주공7단지		66	1985
철산주공8/9단지		77	1985
철산주공10/11단지		85	1985
쌍마한신		282	1992
한신		292	1992

출처: 네이버부동산

실제로도 재건축이 이미 진행 중이거나 사업성이 좋은 단지와 상대적으로 사업성이 떨어지는 단지의 가격차가 심한 편이다. 여기까지 설명하면 한 가지 의문이 들 것이다.

'그렇다면 상대적으로 사업성이 떨어지는 아파트는 향후 미래가치가 크지 않으니 지금이라도 당장 매도하는 것이 좋지 않을까?'

필자의 개인적인 판단으로는 광명시보다 상위 입지 지역으로 이동하는 경우가 아니라면, 서두를 필요는 없다. 구체적인 설명으로 이해를 돕겠다.

광명시 소재 한 아파트가 재건축되는 경우를 보자. 이 아파트는 현재 재건축 사업성이 애매해 매매가가 5억 원 정도다. 그러나 약 5년 후에 주변 정비 사업으로 땅의 가치가 상승해 매매가가 10억 원이 될 것이고, 높은 용적률 때문에 일반 분양 물량이 300세대밖에 되지 않는다고 가정하자.

현시점에서 재건축을 진행할 경우, 일반 분양으로 벌어들이는 수익은 1,500억 원 정도다. 그런데 광명시는 서울의 일부분이라 봐도 무방할 정도로 서울 접근성이 훌륭하고, 대규모 개발로 단기간에 땅의 가치가 상승할 가능성이 매우 크다. 단순 계산상으로 5년 후에는 땅의 가치가 올라 약 3천억 원의 수익이 발생한다. 기존 1천 세대의 조합원이 총공사비에서 일반 분양 수익을 뺀 나머지를 추가 분담금으로 나눠 부담해야 하는데, 현시점에서는 차액 2,500억 원을 1천 세대가 나누니 세대당 2억 5천만 원이나 부담해야 한다. 하지만 5년 후에는 차액 1천억 원을 1천 세대가 나눠 세대당 1억 원만 부담하면 되니 사업성이 훨씬 좋아진다. 한마디로 주변 가치가 더 올라가면 사업성이 애매하던 단지도 충분히 사업성을 확보할 수 있다는 뜻이다.

현 시점에서 재건축하는 경우	약 5년 후 재건축하는 경우
용적률 200% 세대수 1천세대 매매가 5억 원 총공사비 4천억 원	용적률 200% 세대수 1천세대 매매가 10억 원 총공사비 4천억 원
300세대 × 5억 원 = 1,500억 원	300세대 × 10억 원 = 3천억 원
조합원당 2억 5천만 원 부담	조합원당 1억 원 부담

대규모 개발의 힘, 도시의 가치를 높이다

그렇다면 왜 이토록 대규모 개발을 강조하는 것일까? 그 이유는 입지가 비슷할 경우, 일반적으로 대단지가 소단지보다 가격이 높고, 시간이 흐를수록 가격차가 점점 벌어지기 때문이다. 광명뉴타운처럼 지역 전체가 대규모 개발이 되면, 지역 내 기타 소단지 아파트 가격까지 견인하는 결과를 초래한다.

한 예로 서울시 강동구의 사례를 살펴보자. 다음은 정비 사업으로 강동구에 공급된 신규 아파트의 정보를 정리한 표다. 강동구는 불과 4~5년 사이에 허름한 구도심을 헐고 집중적으로 대규모 공급이 이루어졌다. 거기에 대규모 공급을 능가하는 수요가 집중되면서 급격한 아파트 가격 상승을 경험했다.

• 강동구 신규 아파트 세대수와 준공연도 •

아파트명	세대수	준공연도
고덕래미안힐스테이트	3,658	2016년
고덕그라시움	4,932	2019년
고덕아르테온	4,066	2020년
고덕롯데캐슬베네루체	1,859	2019년
고덕센트럴아이파크	1,745	2019년

출처: 네이버부동산

　비록 광명시 구도심은 경기도에 속하지만 서울 접근성이 훌륭하고, 서울 강동구에 버금가는 규모의 정비 사업이 진행될 예정이기 때문에 지금은 물론, 미래가치 또한 엄청날 것이라 예상한다.

투자 포인트 전격 분석

🏃 광명시를 외부에 알리고 품격을 높인 일등공신은 광명역과 광명역 역세권 개발이지만, 향후 광명시 개발의 중심은 광명시 구도심이 될 것이다. 광명뉴타운 사업이 진행될수록 대규모 개발 프리미엄으로 인해 단순히 신축 아파트가 들어서 주변이 쾌적해진다는 것 이상으로 광명뉴타운 지역은 물론, 주변 아파트까지 가치를 높이는 효과를 기대해볼 수 있다.

🏃 현재 철산동을 비롯한 광명시 전체 아파트 중에서 재건축 연한이 도래했지만 사업성이 부족한 아파트는 광명시의 대규모 개발의 영향으로 땅의 가치가 상승하면, 자연스럽게 사업성이 개선될 여지가 충분하다. 광명시 아파트는 오를 만큼 올라 더 이상 수익을 기대하기 힘들다는 의견도 있다. 하지만 개발 규모와 서울 접근성 등을 고려하면 여전히 발전 가능성은 많이 남아 있다고 본다.

🏃 현 부동산 시장 상황과 여러 요인으로 인해 아파트 가격 상승이 더디거나, 재건축 사업성을 이미 갖춘 아파트에 비해 사업성이 낮다고 해서 성급하게 매도하기보다는 앞으로 더욱 발전할 광명시의 모습을 기대하며 여유를 갖고 기다리는 것이 바람직하다.

GTX-D노선 신설, 더욱 가치가 오를

김포 한강신도시

경기도 김포시에 건설된 2기 신도시로, 구래동, 마산동, 장기동, 운양동 일원에 위치해 있다. 2006~2008년 장기동에 시범 주택지구가 세워진 이후, 2012년에 1단계 공사가 완료되어 입주가 시작되었다. 1단계 분양 때는 미분양 물량이 많았다. 하지만 2014년 이후 서울의 높은 부동산 매매가에 대한 풍선효과로 관심을 받기 시작해 2021년 현재 역세권 신축 아파트 위주로 강세를 보이고 있다.

Q 현재 한강신도시는?

서울까지 물리적 거리가 멀고, 도시 자체의 자족 기능이 없는 전형적인 베드타운이다. 서울과 연결되는 유일한 전철인 김포골드라인은 신도시와 서울을 이어주는 하나의 지선 역할을 하는 노선에 불과하며, 서울 인구를 김포시로 꾸준히 흡수하는 역할을 하기에는 분명 한계가 있다. 서울과 가까운 김포골드라인 역세권일수록 높은 아파트 가격을 형성하고 있고, 서울과 멀어질수록 각 역세권 아파트 가격이 점점 낮아지는 경향을 보이고 있다. 현재로서는 김포골드라인이 한강신도시를 비롯한 김포시 전역의 아파트 가격을 결정하는 중심이라고 봐야 한다.

Q 한강신도시의 미래 모습은?

도시의 자족 기능이 없는 만큼, 서울 업무 중심지로 우회하지 않고 빠르게 이동할 수 있는 고속전철인 GTX-D노선 사업 확정이 필요한 상황이다. 사업 확정만으로도 한강신도시의 격을 몇 단계 격상시키는 엄청난 파급효과가 있을 것이다.

Q 딱 이것만 기억하자!

김포골드라인을 중심으로 아파트 가격이 형성되어 있으므로, 수익성을 생각한다면 철저하게 서울과 가까운 김포골드라인 역세권 신축 아파트를 주의 깊게 살펴야 한다. 물론 GTX-D노선 계획이 확정되면 그동안의 아파트 가격 판도는 달라질 것이지만, 당장 아파트 가격이 변한다 하더라도 소문만을 믿고 진입하는 것은 위험하다. 김포시는 역세권이라 해도 다 같은 역세권이 아니기 때문에 단순히 역세권 아파트를 사야 한다는 생각을 가지면 안 된다. 이후에 이어질 설명을 통해 한강신도시만의 특징을 잘 숙지하기를 당부한다.

주목받고 있는
서울 인근 신도시

한강신도시는 2기 신도시 중 하나로, 아파트와 주택을 포함해 약 5만 6천 세대가 입주할 예정이고, 지금도 활발히 공급이 이루어지고 있다. 한강신도시는 도시와 생태 그리고 농촌 환경이 조화를 이루는 전원도시를 만드는 것을 목표로 하면서, 자연산업의 고부가가치화와 새로운 산업을 창조하는 감성산업도시를 동시에 충족하는, 그러니까 편리한 생활 환경과 도시 자체의 자족 기능을 동시에 갖춘 도시를 건설하는 것을 목표로 하고 있다. 그러나 엄밀히 말해 현재 한강신도시의 모습은 자족도시라기보다는 가성비가 괜찮은 서울 인근 신도시 정도로 표현하는 것이 적절할 듯하다.

결국 교통수단이
가치를 만든다

그렇다면 지금 그리고 앞으로 한강신도시 아파트의 가치를 결정하게 될 요인은 무엇일까? 한강신도시의 도시 개발 콘셉트와 입지를 보면 크게 세 가지로 정리할 수 있다.

우선 편리한 생활 인프라 구축이다. 모든 신도시는 철저한 도시계획에 의해 조성된다. 한강신도시 역시 마찬가지이기 때문에 현재 계획한 모습대로 생활 인프라를 갖추고 있지 못하더라도 시간이 흐를수록 자연스럽게 해결될 것이다.

그 다음으로 사실상 신도시의 가치를 결정하는 가장 중요한 요소는 바로 자체 일자리 창출을 통한 자족 기능 확보와 서울 중심지로의 접근성을 향상시키는 것이다. 그런데 한강신도시의 개발 콘셉트에 자족 기능이 있기는 하지만, 현실적으로 만족할 만한 수준의 자족 기능을 갖추는 것은 힘들다. 이 점을 감안하면, 결국 한강신도시에서 주목할 아파트를 선택하는 기준은 서울 접근성을 더욱 높여줄 교통수단이 중심이 되어야 한다.

현재 한강신도시에서 서울 업무 중심지인 여의도와 강남 그리고 서울역 등으로 접근할 수 있는 효율적인 교통수단은 2019년 9월에 개통한 김포골드라인이 유일하다.

・ 김포골드라인으로 연결되는 주요 직장 위치 ・

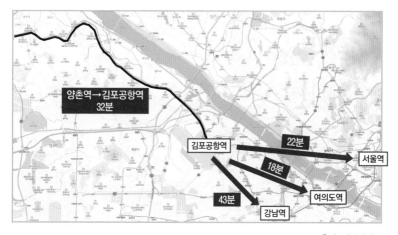

출처: 네이버지도

김포골드라인은 총 10개 역이 개설되어 있고, 종점인 양촌역에서 김포공항역까지는 약 32분이 소요된다. 김포공항역에서 서울역까지는 약 22분, 여의도역까지는 약 18분, 강남역까지는 약 43분이 추가로 필요하다.

한강신도시에서 서울까지 빠르게 접근할 수 있는 마땅한 교통수단이 없고, 김포골드라인이 교통 체계의 중심이 되다보니 비록 신도시에는 속하지 않지만 서울과 가까운 풍무동이나 걸포동 소재 아파트로 외부 수요가 먼저 집중될 수밖에 없다. 이곳은 가격이 먼저 그리고 더 많이 오르는 것은 물론, 향후 외부 수요가 빠져나갈 때도 가장 나중에 빠져나가 하락폭이 적고, 보합세가 이어지는 기간도 짧을 것이다. 즉 서울 및 주변 도시에서 넘어오는 수요가 아직은 한강신도시 전체에 영향을 미칠 정도로 풍부하지는 않다고 보는 것이 타당하다.

김포골드라인
역세권 아파트 전격 분석

그럼 지금부터 김포골드라인 각 역마다 세부적으로 들어가 어떤 아파트를 중점적으로 봐야 하는지 기준을 정해보도록 하자.

먼저 비슷한 시기에 준공한 아파트들 중에서 1천 세대 내외의 대단지를 기준으로, 김포골드라인 초역세권 범위에 들어오는 아파트를 대상으로 현재 형성된 시세를 비교해보자. 다음 표를 보면 김포공항역과 가까운 풍무역 역세권 아파트인 풍무푸르지오1차가 가장 시세가 높고, 점점 멀어지는 순으로 시세가 낮아지는 것을 확인할 수 있다.

· 김포골드라인 노선도 ·

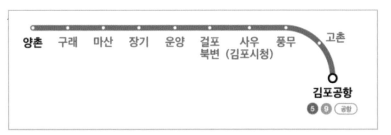

출처: 네이버지도

· 김포골드라인 역세권 아파트 가격 비교 표 ·

아파트명	역명	매매가 (만 원/평)	전세가 (만 원/평)
풍무푸르지오1차	풍무역	1,859	1,010
한강반도유보라2차	운양역	1,646	990
e편한세상 한강신도시2차	마산역	1,259	790
호수마을자연앤 e편한세상2단지	구래역	1,091	723

출처: 네이버부동산(2020년 12월 기준)

비록 풍무역 주변은 한강신도시에 속하지 않지만 서울 접근성이 가장 좋다보니 높은 시세를 형성하고 있다. 현재로서는 한강신도시를 비롯한 김포시 전역은 김포골드라인의 존재가 아파트 가격 형성에 절대적인 영향을 미친다고 할 수 있다.

다만 운양역은 풍무역과는 상당한 거리를 두고 있지만, 운양역 역세권 아파트인 한강반도유보라2차는 풍무푸르지오1차와 가격차가 크지 않다. 그 이유는 생활편의시설이 신도시답게 잘 갖추어져 있고, 한강신도시에서 유일하게 한강을 도보로 이용할 수 있기 때문이다.

지금부터는 같은 역세권 내 신축 아파트와 구축 아파트를 비교해보자.

· 걸포북변역 역세권 신·구축 아파트 가격 비교 표 ·

아파트명	준공연도	매매가 (만 원/평)	전세가 (만 원/평)	최근 3개월간 상승폭 (만 원/평)
한강파크뷰 우방아이유쉘	2019년	1,657	898	238
오스타파라곤 3단지	2010년	1,128	723	145

출처: 네이버부동산(2020년 12월 기준)

2019년에 준공한 한강파크뷰우방아이유쉘이 2010년에 준공한 오스타파라곤3단지보다 역과의 거리가 먼 데도 불구하고 가격이 훨씬 높게 형성되어 있다. 같은 기간 한강파크뷰우방아이유쉘이 40평대 기준 1억 원 정도 상승하는 동안 오스타파라곤3단지의 가격 상승폭은 그보다 훨씬 적은 것을 알 수 있다.

표준편차를 줄이는 차원에서 하나를 더 비교해보도록 하겠다.

아파트명	준공연도	매매가 (만 원/평)	전세가 (만 원/평)	최근 3개월간 상승폭 (만 원/평)
한강신도시 반도유보라5차	2018년	1,386	746	197
호수마을자연앤 e편한세상2단지	2013년	1,091	723	119

출처: 네이버부동산(2020년 12월 기준)

2018년에 준공한 한강신도시반도유보라5차가 상대적으로 구축인 호수마을자연앤e편한세상2단지보다 시세도 훨씬 높게 형성되어 있고, 같은 기간 가격 상승폭도 큰 것을 알 수 있다.

서울과 가까운 김포골드라인 역세권 신축 아파트를 노리자

지금까지의 데이터를 종합해보면, 한강신도시에서 향후 미래가치가 더 큰 아파트를 매입하고자 한다면, 설령 신도시를 벗어나는 한이 있더라도 가급적 김포공항역과 가까운 역 주변을 선택해야 한다. 단, 지금까지의 가격 변동 추이를 봐서는 앞으로도 신축 아파트로 수요가 먼저 집중되어 신축 아파트와 구축 아파트의 가격차는 더욱 벌어질 것이기 때문에 아무리 투자자금이 적게 들고, 세대수가 많다 하더라도 구축 아파트는 일단 우선순위에서 뒤로 미루는 것이 좋다.

더욱이 최근 김포시의 집값 상승폭과 경향을 보면 이러한 주장을 뒷받침할 수 있는 근거가 있다. 6·17 부동산 대책이 발표된 날을 기준으로 보면, 김포시의 집값이 일정 수준 이상 오를 것이라는 점은 부동산에 조금이라도 관심이 있는 사람이라면 누구나 예상 가능하다. 이론상 집값 상승은 적절한 공급과 공급을 상회하는 수요가 공존하는 시장에서 거래가 활발하게 이루어질 때 나타나는 현상이다. 만약 거래량이 눈에 띄게 늘면 당연히 가격이 오르고, 거래량을 주도하는 외부 수요가 들어오는 추세를 보면, 앞으로의 가격 흐름을 어느 정도 예측할 수 있다.

다음 표를 보면 2020년 5월부터 7월까지 서울에서 김포시로 들어온 투자 수요가 불과 2개월 만에 세 배 가까이 증가한 것을 알 수 있다. 세 배가 증가한 것도 의미가 있지만, 매달 점점 증가 추세에 있고, 증가폭 역시 크다는 것이 더욱 의미가 있다.

• 김포시 아파트 거래 건수 증가 추이 •

2020년 5월	303건
2020년 6월	757건
2020년 7월	906건

출처: 한국감정원(2020년 12월 기준)

급격한 집값 상승
그 이후는?

그렇다면 김포시 집값 추세는 앞으로도 지금처럼 계속 이어질까? 이 물음에 대한 답은 현재 김포시의 집값을 형성한 원인을 찾고, 그 원인이 아직도 남아 있는지 혹은 사라졌는지 따져봐야 알 수 있다.

현재 김포시가 주목받고 있는 이유는 크게 두 가지다. 첫 번째는 역시 아무리 강조해도 지나치지 않은 비규제 지역 프리미엄이다. 상대적으로 세금도 적고, 대출도 자유로워 외부 수요가 더 많이 몰리는 좋은 환경이 만들어졌다. 그러나 2020년 11월 19일부로 김포시 역시 조정대상지역으로 지정되면서 비규제 지역 프리미엄이 사라졌다. 비록 조정대상지역으로 지정되었다고 하더라도, 현재 교통 체계를 감안하면 지금의 경향이 조금 둔화될 뿐, 계속해서 그 흐름을 이어갈 것이다.

두 번째는 김포시에서 서울 접근을 위한 교통 체계의 변화가 생긴다면 지금의 집값 상승 패턴은 달라질 수 있다는 점이다. 김포시의 교통 체계 변화를 가져올 수 있는 것은 바로 GTX-D노선이다. 현재 GTX-D노선은 김포시 어디로 들어올지 확정되지 않았지만, 어쨌든 김포골드라인보다 가치와 효율이 월등히 높은 GTX 신설 정차역을 기준으로 김포시 집값의 무게 중심이 이동하게 될 것이다. 바꿔 말하면, GTX-D노선과 관련하여 구체적인 계획이 나오기 전까지는 지금의 집값 흐름이 계속 이어진다고 봐야 한다. GTX-D노선이 예비 타당성 조사를 통과해 사업의 확실성을 보장받기까지는 아직 상당한 시간이 남았다는 사실을 염두에 두어야 한다.

다만, 한강신도시에서는 김포골드라인 운양역 주변을 주의 깊게 볼 필요가 있다. 운양역은 입지적으로 김포공항역과 상당한 거리가 있지만, 앞서 언급했듯 운양역 주변은 생활 인프라가 신도시답게 잘 갖추어져 있고, 한강 조망권이 확보되어 있다는 프리미엄이 있기 때문이다. 실제로 운양역 주변은 한강신도시 중에서 아파트 가격이 가장 비싸다. 외부에서 추가 수요가 더 유입된다면, 운양역 주변 신축 아파트가 가장 우선적으로 영향을 받을 것이다.

GTX-D노선 구래역? 장기역? 아니면 어디로?

GTX-D노선이 한강신도시로 들어온다면 정차역은 어디가 될까? 현재 인터넷 카페와 각종 커뮤니티에서는 한강신도시의 GTX-D노선 정차역이 구래역이 될 것이냐, 장기역이 될 것이냐를 놓고 설전이 벌어지고 있다. 도대체 왜 이런 설전이 벌어지게 된 것일까?

구래역은 2019년 11월 한 국회의원이 국회회의에서 '김포 GTX 구래역 설치'와 '통진읍 GTX 역세권 개발'을 국토교통부에 공식 요구하면서, 장기역은 인천광역시가 발표한 GTX-D노선 사전 타당성 조사 용역 보고서와 하남시 토론회 발표 자료에 정차역이 장기역이라고 표기되면서 발단이 되었다.

· GTX-D노선 관련 보도자료 ·

〇 인천광역시	보 도 자 료	배포일자	2020년 10월 12일(월) 총 4매(참고 有)	*살렴료 도시 함께만드는 인선*
담당 부서	철도과	담당자	• 철도정책팀장 ▨▨▨▨▨ • 담당자	
	대변인실	담당자	• 공보지원협력관 ▨▨▨▨▨	
보 도 일 시	배포 즉시 보도하여 주시기 바랍니다.			

인천시, GTX-D 청라·영종, 검단 노선 동시 추진

- 청라·영종·인천국제공항행 및 검단·김포행 동시 시행 최적
- 이번 주 국토부에 제4차 국가철도망구축계획 등 국가계획 반영 건의

○ 수도권 광역급행철도(GTX)가 청라·영종은 물론 검단까지 동시에 추진할 수 있는 방안이 12일 마련돼 관심이 모아지고 있다.

○ 서울에서 이어지는 GTX-D 노선에 대해 경기 부천을 기점으로 인천국제공항(청라 경유), 경기 김포(검단 경유)등 두 축으로 이어지는, 이른바 Y자 노선 시행이 최적의 방안으로 선정됐기 때문이다.

출처: 인천광역시

· 인천광역시에서 보도한 GTX-D 예상 노선안 ·

출처: 인천광역시

결과가 발표되기 전까지는 어디가 진짜 정차역이 될지 아무도 알수 없지만, 결론부터 말하면 구래역이든 장기역이든 어디가 선정되

더라도 넓은 의미에서는 그다지 큰 의미가 없다. 그 이유는 현재 한강신도시의 구조와 교통 체계에서 답을 찾을 수 있다. 현재 한강신도시에서 서울에 접근할 수 있는 교통수단은 김포골드라인이 대표적이고, 신도시에는 총 4개의 역이 있다.

• 한강신도시에 속한 김포골드라인 정차역 •

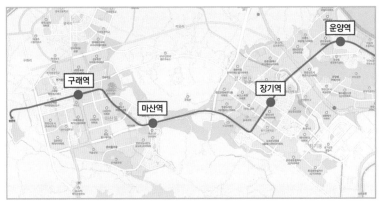

출처: 카카오맵

구래역과 장기역의 위치를 보자. 두 역은 마산역을 사이에 두고 있으며, 불과 두 정거장 거리다. 가장 동쪽에 있는 운양역에서 구래역까지는 세 정거장, 장기역까지는 한 정거장 거리밖에 되지 않는다. GTX-D노선이 구래역으로 들어오나, 장기역으로 들어오나 혹은 계획이 전면 수정되어 다른 역으로 들어오나 한강신도시 내에서는 그다지 어렵지 않게 환승이 가능하다. 즉 GTX-D노선이 어디로 들어오더라도 한강신도시 내에서는 모두 직접 혹은 간접 영향권에 들어간다는 뜻이다.

도시 내 역 간 이동이
더욱 빨라진다

현재 교통 체계에서 각 역을 더욱 빠르게 이동할 수 있다면, 당연히 김포골드라인과 GTX-D노선의 환승 효율은 극대화되고, 실질적인 수혜를 받는 아파트도 늘어날 것이다. 현재 김포시는 김포골드라인의 운행 효율을 높일 준비를 하고 있다. 김포시청 철도과는 김포골드라인 차량 추가 제작을 통해 출퇴근 시간대 배차 간격을 2분대로 변경할 예정임을 보도자료를 통해 밝히기도 했다.

그렇다면 김포골드라인의 배차간격이 줄어들 경우 어떤 파급효과를 기대할 수 있을까? 첫 번째, 산술적으로 차량을 기다리는 시간이 약 33% 줄어든다. 실제 김포골드라인은 이용객 수에 비해 차량이 턱없이 부족하기 때문에 출퇴근 시간에는 필연적으로 몇 대는 그냥 보내야 탑승이 가능하다. 기다리는 시간이 줄어들면 그만큼 서울과 가까워지는 것은 물론이고, 실수요 및 투자 수요 유입도 더욱 탄력을 받을 수 있다.

두 번째, GTX역이 어디가 되든 환승 효율이 좋아져 결국 신도시 전체가 수혜를 받게 된다. 물론 GTX 직접 역세권에 들어오는 아파트가 가장 큰 수혜를 받겠지만, 한강신도시 내에서 김포골드라인 역세권에 들어오는 아파트라면 가격 상승폭 차이만 조금 있을 뿐, 가격 흐름은 시장 흐름과 같이할 것이다. 쉽게 말해, 오르면 다 같이 오르고, 안 오르면 다 같이 안 오른다는 뜻이다. 너무나 당연한 소리라고 생각할 수도 있지만, 지금도 김포시에는 가격이 많이 오른 아파트와 그렇지 않은 아파트가 있다는 사실을 알아야 한다. 김포시는 대장주의 시세 변동에 따라 주변 아파트 키 맞추기가 가능할 정도로 수요가 많은 지역이 아니다.

투자 포인트 전격 분석

📍 한강신도시를 포함한 김포시 부동산 시장을 설명할 때는 김포골드라인과 GTX-D노선이 핵심이 된다. 김포골드라인은 서울 업무 중심지로 바로 도달할 수 있는 본선이 아니라 어느 한 지역을 서울의 본선과 이어주는 지선 역할을 하는 노선에 불과하지만, GTX-D노선은 환승 없이 20분대에 강남까지 빠르게 접근할 수 있다는 점에서 김포골드라인과 단순 비교 대상이 아니다.

📍 한강신도시는 자족 기능을 갖추지 못한 경기도 외곽 신도시이기 때문에 다른 무엇보다 교통 체계를 이해하는 것이 중요하며, 현재 어떤 영향을 미치고 있는지, 앞으로 어떻게 변화할지 파악하는 것이 필수다. 아직은 한강신도시 공급이 완료되지 않았고, 서울로 접근할 수 있는 효율적인 대중교통은 김포골드라인이 유일하기 때문에 한강신도시를 설명할 때는 김포골드라인이 중심이 된다. 하지만 GTX-D노선 신설 정차역이 확정되면 주변 신축 대단지 아파트가 그 동네뿐 아니라, 김포시 전체의 새로운 대장주가 될 것이다.

📍 단, 사업이 확정되기 전에 미리 움직이는 것은 매우 위험하다. 김포시를 염두에 둔 예비 투자자 혹은 실거주자들은 자잘한 개발 소식보다는 교통 개발호재 소식에 더욱 귀를 기울이고, 그에 따라 탄력적으로 대응할 필요가 있다. 어차피 개인은 1주택 혹은 내가 사는 집을 포함해 2주택 정도를 소유하는 것이 대부분이다. 이런 현실을 감안할 때 GTX-D노선 사업이 확정되고 구체적인 계획이 나오면, 신설역 주변 신축 아파트에 모든 역량을 집중하는 것도 괜찮은 선택이 될 것이라 본다.

8호선 연장 사업으로 서울의 일부가 되어가는

구리시

경기도 중동부에 위치한 서울의 위성도시 중 하나다. 서울 접경 지역에 그린벨트가 위치하여 개발에 소외된 지역들이 눈에 띈다. 서울 접근성이 뛰어남에도 불구하고 큰 주목을 받지 못했지만, 2010년 이후 갈매동 지역의 개발을 시작으로 인구가 증가세로 돌아섰다. 현재 신설 교통망 확충이 진행되고 있어 많은 관심을 받고 있다.

◯ 현재 구리시는?

서울과 인접한 도시임에도 그동안 마땅한 전철이 없어 오랫동안 낮은 아파트 가격을 형성했지만, 서울의 핵심 노선인 8호선 연장 사업으로 서울의 일부가 되어가는 중이다. 그러나 뛰어난 교통 개발호재에 비해 대부분의 아파트가 재건축 사업을 기대하기 힘들다는 것은 상당히 아쉬운 부분이다. 몇몇 단지가 대안으로 리모델링 사업을 추진하고 있지만, 아직 마땅한 성공 사례가 없어 파급효과를 예측하는 것은 조심스럽다.

◯ 구리시의 미래 모습은?

자족 기능이 없어 서울 업무 중심지로의 접근성을 높이는 것이 핵심이다. 따라서 교통 개발호재의 중심이 되는 8호선의 조속한 개통이 요구된다. 8호선이 예정대로 개통되면 6호선을 비롯한 부수적인 개발호재와의 시너지로 도시의 품격이 한층 높아질 것이다.

◯ 딱 이것만 기억하자!

전반적으로 구리시 대부분의 아파트가 재건축 사업성을 기대하기 힘든 상황이다. 하지만 교통 개발호재가 여전히 건재하고, 투기과열지구로 지정되었음에도 아파트 가격은 지속적인 상승세에 있다. 이런 아파트 가격 흐름은 적어도 8호선이 개통되기 전까지는 이어질 것으로 보인다. 근거 없는 소문에 흔들리지 말고, 차분히 기다리는 자세가 필요하다.

8호선 연장의 수혜로 서울과 가까워지는 구리시

 구리시는 동쪽과 북쪽으로 남양주시, 서쪽으로 서울 노원구, 중랑구, 광진구, 남쪽으로 한강을 사이로 서울 강동구와 접해 있다. 이렇듯 서울과의 물리적 거리는 매우 가깝지만, 그동안 서울과 연결되는 마땅한 전철이 없어 상대적으로 아파트 가격 상승이 미미했다.

 그러나 서울지하철 8호선이 기존 종점인 암사역에서 구리시 구도심을 거쳐 남양주시 별내동까지 연장이 확정되면서, 서울의 위성도시 중에서 광역도시철도 연장 사업으로 가장 큰 수혜를 받는 곳이 되어 하루아침에 도시의 위세가 격상되었다. 구리시와 서울을 연결하는 8호선 연장선은 기존 교통망을 이용하면 강남까지 1시간 넘게 걸렸던 출퇴근 시간을 30분대로 단축시켜줄 황금 노선이다.

• 2019년 아파트 매매가 변동률 상위 지역 •

(단위: %)

출처: 한국감정원(2019년 5월 기준)

84

8호선 연장 사업으로 2019년 구리시 아파트 가격상승률이 전국 1위를 기록했다. 흥미로운 것은 이 기간 동안 전국 평균 아파트 가격은 오히려 마이너스를 기록했고, 서울보다도 무려 4배 이상 높은 상승률을 기록했다는 것이다.

경기도에 구리시 외에도 광역철도 연장 사업으로 수혜를 보는 지역이 있음에도 불구하고 유독 구리시 아파트 가격상승률이 높았던 것은 8호선 연장 사업의 파급효과와 더불어 그만큼 다른 지역에 비해 평균 주택 가격이 낮았던 것도 원인으로 볼 수 있다. 거기에 2020년 초에는 정부의 인근 지역에 대한 강력한 부동산 규제로 단기 투자 자본이 구리시로 흘러들어오면서 상대적으로 아파트 가격이 저렴했던 구리시 소재 아파트는 상대적 입지에 따라 불과 1~2개월 사이에 1억 원 이상 급등하는 현상을 경험했다.

구리시, 아직도 상승 여력이 있다

구리시 아파트 가격이 단기간에 급등하고, 정부의 추가 부동산 대책으로 인해 아파트 거래량 자체가 줄어들면서 이제는 더 이상 상승 여력이 없는 것이 아닌가 하는 목소리도 있지만, 8호선을 비롯한 구리시의 교통 개발 사업은 여전히 변화하는 중이므로 속단하는 것은 이르다.

조금 더 깊이 들어가보자. 8호선이 기존 종점인 암사역에서 구리시를 지나 별내역까지 연결된 역사적 배경을 보면, 2006년 예비타당성 조사를 통과하기 이전 계획에는 암사역에서 별내역까지 지금의 곡선 형태가 아닌, 직선에 가까운 형태였다. 그런데 서울 강동구 암사동 선사유적지 일대가 문화재보호구역이라 원래 계획한 위치에 역이 들어서지 못하고, 지금의 자리에 선사역이 생기면서 노선의 효율을 고려해 구리역에서 다산진건지구로 바로 가지 않고 S자로 틀어 구리도매시장역이 생겼다.

서울지하철 6호선도 추가로 구리도매시장역으로 연결되어 더블 역세권을 형성할 것이 유력한데, 6호선 연장은 2020년 2월 예비타당성 조사에 착수하면서 본격적인 사업 시작을 알렸다. 6호선의 구리시 연장 배경과 필요성은 지금도 복잡한 청량리와 망우 구간을 거치지 않고도 구리시에서 서울로 보다 편리하게 오갈 수 있도록 하는 것이다. 물론 서울 업무 중심지로 바로 연결되지 않아 6호선의 가치는 상대적으로 크지 않지만, 서울로 진입할 수 있는 노선이 추가로 신설된다는 것은 분명한 호재다.

구리시 인창동 일대에는 구리역과 구리도매시장역이 생기는데, 결국 기존 경의중앙선까지 포함하면 인창동에는 2개의 전철역에 3개의 노선이 지나가게 된다. 구리역과 구리도매시장역 간 거리는 불과 900m 정도이고, 역세권을 반경 500m 이내라고 한다면, 인창동 일대 대부분의 아파트는 8호선을 비롯한 새로운 교통 개발호재의 영향권에 들어간다고 볼 수 있다.

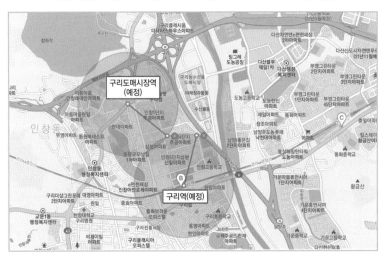

출처: 카카오맵

경기도 전역에 전철 1개 노선도 지나가지 않는 곳도 많은데, 2개의 전철역에 3개의 노선이 지나가는 경우도 흔치 않고, 전반적으로 모든 노선의 개통 시기를 앞당기려 노력하고 있기 때문에 특히 인창동 일대 아파트는 구리시 내에서 현재는 물론, 미래가치 또한 높다고 볼 수 있다.

구리도매시장 이전으로 기대되는 파급효과

지금부터는 구리도매시장 이전에 관한 이야기를 해보자. 구리도매시장은 기존 자리에서 현대화를 하느냐, 아예 다른 곳으로 이전을 하느냐를 놓고 말이 많았지만, 현 정부의 한국판 뉴딜종합계획 SOC(사회간접자본) 디지털화 분야에서 스마트 물류 체계 구축 사업지로 구리시가 선정됨에 따라 이전을 하는 것으로 결정되었다. 그로 인해 구리시는 사노동 일원의 그린벨트를 해제해 현재 인창동 일원에 있는 구리도매시장을 이전하여 포스트 코로나 시대의 소비 패턴에 맞는 최첨단 특화 단지로 개발을 구상 중이다.

그럼 구리도매시장이 있던 자리는 향후에 어떻게 개발될지 예상해보자. 현재 구리도매시장 부지의 용도지역은 유통상업지역이다. 유통상업지역은 국토계획 및 이용에 관한 법률상 주택을 지을 수 없는 유일한 상업지역이다. 그렇다면 크게 두 가지 경우를 생각해볼 수 있다.

먼저 기존 용도지역을 그대로 유지하는 경우를 생각해보자. 유통상업지역에 주택은 지을 수 없지만, 대형 쇼핑몰이나 백화점은 건축이 가능하기 때문에 넓은 부지를 활용한 대규모 상업시설이 들어설 가능성이 있다.

이번에는 용도지역을 변경하는 경우를 생각해보자. 유통상업지역보다 토지 활용도가 떨어지는 2종 또는 3종 일반주거지역이나 자연녹지지역으로 변경해 일반 아파트를 짓거나 공원화하기보다는 더 효율적인 부지 활용을 위해 일반상업지역이나 중심상업지역으로 변경할 확률이 크다. 그렇게 되면 상업시설과 주거시설을 동시에 충족하는 주상복합아파트가 적합하고, 넓은 부지를 감안하면 한두 동짜리 일반적인 주상복합 형태보다는 많은 세대수를 갖춘 단지형 주상복합 아파트가 들어설 확률이 크다. 개발 방향이 용도지역을 변경하는 쪽으로 정해져 대단지 주상복합아파트가 들어선다면, 풍부한 교통 개발호재에 비해 상대적으로 신축 아파트 공급이 부족했던 아쉬움을 어느 정도 해소해줄 수 있을 것으로 기대된다.

아마도 그 아파트는 인창동의 새로운 대장주가 될 것이다. 어쨌든 그동안 혐오시설로 인식되어 왔던 구리도매시장이 이전하고 그 자리에 대규모 상업시설이 들어선다는 것은 그 일대 아파트 가격에 좋은 영향을 주었으면 주었지 이전에 비해 나빠질 것은 전혀 없다.

갈매역, GTX-B노선 정차가 가능할까?

구리시는 갈매지구에 대한 이야기도 빼놓을 수 없다. 현재 갈매지구의 핫이슈는 GTX-B노선이 갈매역에 정차할 수 있도록 유치 중이라는 것이다. 구리시는 GTX-B노선이 엄연히 구리시를 거쳐 가는데도 서울과 남양주 사이에서 정차역 설치 계획이 반영되지 않은 점을 문제 삼아 GTX-B노선이 갈매역에 정차할 수 있도록 강력하게 요구하고 있다.

그러나 필자는 GTX-B노선이 갈매역에 정차하는 것이 넓은 의미에서는 별 실익이 없다고 생각한다. GTX의 도입 목적이 무엇인가. 그동안 서울 접근성이 좋지 않았던 경기도 외곽 지역에서 빠르게 출퇴근이 가능하도록 해 삶의 질을 향상시킴과 동시에 서울의 인구를 분산시켜 서울 집값을 안정화시키기 위함이 아닌가. 이런 목적이 실현되려면 결국 GTX는 원래 계획대로 빠르게 이동할 수 있어야 한다. 하지만 갈매역에 정차하면 마석역부터 망우역까지는 GTX가 그토록 자랑하는 빠른 속도를 극대화할 수 없는 상황이 발생한다.

물론 쾌적한 신규 택지개발지구인 갈매지구는 애매한 교통편이 유일한 흠이었기 때문에 GTX-B노선이 정차하면 주변 아파트 가격에는 분명 호재가 될 것이다. 그러나 노선의 효율을 고려해 진지하게 다시 생각해볼 필요가 있다.

• 갈매역 주변 환경 위성사진 •

출처: 카카오맵

확실한 역세권에만
투자하자

구리시에서는 어떤 아파트를 사는 것이 좋을까? 8호선 연장 사업 확정과 과거 단기 투자자본 유입으로 인한 풍선효과가 구리시 아파트 시장에 구체적으로 어떤 영향을 미쳤는지를 면밀히 살펴보면 어느 정도 짐작할 수 있다.

다음은 구리시 역세권 아파트와 비역세권 아파트의 비교 표와 2017~2020년 매매가 변동 추이를 나타낸 그래프다.

· 구리시 역세권 아파트와 비역세권 아파트 비교 표1 ·

아파트명	세대수	준공연도	특이사항
인창e편한세상2차	621	2006년	8호선 연장 역세권
교문금호어울림	276	2005년	비역세권

출처: 네이버부동산

• 2017~2020년 인창e편한세상2차 매매가 변동 추이 •

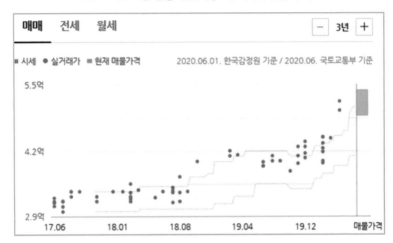

• 2017~2020년 교문금호어울림 매매가 변동 추이 •

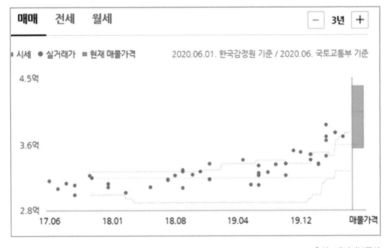

어느 정도 세대수를 갖추고 있으면서 8호선 연장 역세권 범위에

들어오는 인창e편한세상2차는 실거래가 기준으로 최근 3년간 약 3억 원이 상승했지만, 비역세권에 세대수가 적은 교문금호어울림은 같은 기간 동안의 상승폭이 7~8천만 원 정도인 것을 알 수 있다.

　표준편차를 줄이는 차원에서 하나 더 비교해보도록 하겠다. 이 역시 구리시 역세권 아파트와 비역세권 아파트의 비교 표와 2017~2020년 매매가 변동 추이를 나타낸 그래프다.

· 구리시 역세권 아파트와 비역세권 아파트 비교 표2 ·

아파트명	세대수	준공연도	특이사항
인창LIG건영	573	1994년	8호선 연장 역세권
인창금호어울림	235	2006년	비역세권

출처: 네이버부동산

· 2017~2020년 인창LIG건영 매매가 변동 추이 ·

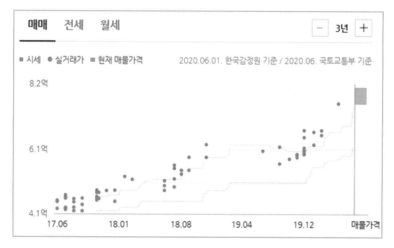

출처: 네이버부동산

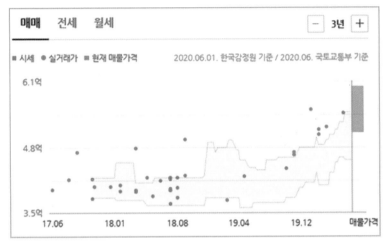

출처: 네이버부동산

　어느 정도 세대수를 갖추고 있으면서 8호선 연장 역세권 범위에 들어오는 인창LIG건영은 실거래가 기준으로 최근 3년간 약 3억 원이 상승했지만, 비역세권에 세대수가 적은 인창금호어울림은 같은 기간 동안의 상승폭이 5천만 원 정도인 것을 알 수 있다.

　지금까지 설명한 내용을 정리해보면, 아무리 구리시가 교통 개발 호재가 많고, 향후 입지가 획기적으로 좋아진다 하더라도 8호선 연장 역세권 범위에 들어오는, 일정 규모 이상 세대수를 갖춘 아파트만 주변 개발호재의 영향을 제대로 받을 수 있고, 앞으로도 추가 상승을 기대해볼 수 있다.

20년 이상 된 아파트가 많은 구리시, 재건축 가능성은?

아파트가 준공 30년이 가까워오면 자연스럽게 재건축에 대한 생각을 하기 마련이다. 다음은 구리시 소재 아파트 중에서 준공 20년이 넘은 주요 아파트의 정보를 정리한 표다.

· 준공 20년이 넘은 구리시 소재 주요 아파트 ·

아파트명	용적률(%)	준공연도	용도지역
아름마을일신건영1차	308	1999년	3종 일반주거지역
아름마을원일	282	1998년	
아름마을LG	309	1999년	
인창주공1단지	203	1996년	
인창주공2단지	235	1997년	
인창삼보	244	1996년	
인창주공6단지	220	1996년	
인창LG건영	289	1994년	
인창성원2차	311	2000년	
구리우성한양	220	1994년	
수택LG원앙	219	1995년	
유원하나	219	1994년	
구리대림한숲	218	1995년	
수택주공	287	2000년	

출처: 네이버부동산

표로 정리한 아파트들의 용도지역은 모두 3종 일반주거지역이다. 국토계획 및 이용에 관한 법률에서 허용하는 용적률은 최대 300%이지만, 구리시 조례상으로는 최대 280%를 초과해 건축하지 못하도록 하고 있다. 거기에 실무적으로 용적률이 조금 더 차감된다고 보면, 250% 내외 수준이 실제 적용되는 최대 용적률이라 할 수 있다.

물론 용적률 외에도 재건축 사업성을 판단하기 위해서는 많은 요인을 고려해야 하지만, 대략적인 가능 여부는 용적률만으로도 짐작해볼 수 있다. 통상 예상 용적률이 각 아파트의 용적률보다 두 배 이상이면 안정적으로 사업성을 기대할 수 있는데, 얼핏 봐도 구리시 소재 아파트는 현재 용적률만으로도 이미 사업성을 기대하기 힘든 수준이다. 몇몇 아파트는 아예 예상 최대 용적률을 훨씬 초과했다.

이런 관점에서 본다면, 현재 준공 20년이 넘은 구리시 소재 아파트는 재건축 사업으로 도시 경관 및 인프라 개선 그리고 신규 아파트 추가 공급을 기대하기 힘든 상황이다. 이런 상황을 인정해 재건축 연한이 다 되어가고, 용적률이 200% 초반대인 아파트들은 리모델링 사업을 적극 추진하고 있는 분위기다. 만약 이들 중에서 최초로 리모델링 사업 성공 모델이 나온다면, 비슷한 상황에 있는 다른 아파트들도 리모델링 사업에 속도를 낼 것이다. 비록 리모델링을 통한 수익성은 재건축보다는 못하지만 각종 규제에서 자유롭고, 노후 아파트와 슬럼화되어가는 주변 경관을 개선하는 데 큰 도움이 되기 때문이다.

하지만 일부 단지가 리모델링 사업에 성공한다 하더라도 도시 전체의 인프라를 획기적으로 개선시킬 만한 대규모 사업은 아니기 때문에 파급효과는 그다지 크지 않을 것이다. 우수한 교통 개발호재에 비해서는 상당히 아쉬운 부분이다.

투자 포인트 전격 분석

♟ 구리시 소재 아파트의 추가 상승을 기대해볼 수 있을까? 결론부터 말하면, 충분히 가능성이 있다. 그 이유는 8호선이 개통되는 2023년까지 시간이 남아 있고, 6호선 공사는 아직 시작도 하지 않았다. 또한 부분적인 호재도 많다. 즉 구리시는 계속해서 발전하는 중이다.

♟ 부수적으로는 구리시 자체적으로 아파트 가격을 위협할 만한 대규모 공급이 없다. 부분적으로 정비 사업이 진행 중이기는 하지만, 성남시나 광명시에 비해서는 턱없이 규모가 작고, 각 사업 구역끼리 시너지효과도 덜한 편이다. 앞으로도 눈에 보일 만한 대규모 공급은 없을 것이다. 기존 아파트 가격이 대규모 공급으로 조정받을 가능성은 적지만, 반대로 신규 아파트를 공급할 수 있는 가장 보편적인 방법인 재건축 사업이 쉽지 않다는 것은 아쉬운 부분이다.

♟ 하지만 8호선의 존재로 최고의 서울 접근성을 갖추게 되는 만큼, 향후 왕숙신도시가 들어와도 신도시보다 상위 입지에 속하는 구리시 소재 아파트는 주변 도시로부터 꾸준한 수요를 끌어올 수 있을 것이다. 최근 몇 년간 구리시 소재 아파트 가격은 고공행진을 해온 것이 사실이다. 그러나 과거에 비해 많이 오른 것일 뿐, 여전히 잠재력은 남아 있다. 2019년 전국 아파트 가격상승률 1위를 기록한 구리시의 잔치는 아직 끝나지 않았다.

도시 내 연계 교통의 확충으로 집값 평준화를 이룰
화성 동탄2신도시

화성시 영천동, 오산동, 청계동, 신동, 중동, 목동, 산척동, 방교동, 장지동, 금곡동, 송동 일원에 위치한 2기 신도시다. 동탄1신도시와 다른 도시계획으로 조성된 별개의 신도시로, 반월동에 삼성전자 나노시티 화성캠퍼스가 있으며 도시의 자족 기능을 담당하고 있다. 동탄역을 중심으로 아파트 가격 강세가 눈에 띈다.

Q 현재 동탄2신도시는?

향후 미래가치가 큰 반면, 현재 사용가치가 크지 않다. 그로 인해 도시 중앙 동탄역 역세권 아파트의 매매가와 전세가 차이가 커 투자자가 세입자의 전세보증금을 지렛대로 활용하기 힘든 상황이다. 또한 도시 내 연계 교통이 확충되지 않아 동탄역 역세권 아파트와 도시 외곽 아파트는 매매가가 상당히 큰 격차를 보이고 있다. GTX-A노선 개통까지 아직 시간이 많이 남아 있는 만큼 미래가치는 여전히 크다. 동탄역을 중심으로 역세권 범위에 들어오는 아파트의 매매가 강세는 앞으로도 꾸준히 이어질 전망이다.

Q 동탄2신도시의 미래 모습은?

도시의 균형 발전을 위해서는 그 어느 것보다 도시 내 연계 교통이 하루라도 빨리 확충되어야 한다. 이미 도시의 자족 기능을 담당하는 양질의 일자리가 있고, GTX-A노선 개통은 시간이 해결해줄 것이므로, 도시 내 이동이 편리해진다면 모든 아파트 가격이 상향평준화가 될 것이다.

Q 딱 이것만 기억하자!

아직은 동탄역을 중심으로 갭 차이가 크기 때문에 투자 목적으로 접근하기에는 무리가 있다. 그러나 동탄2신도시보다 하급지에서 이동하는 것이라면, 하루라도 빨리 진입하는 것이 좋다. 동탄2신도시에 이미 아파트를 보유하고 있다면, GTX-A노선을 통해 서울 접근성이 개선되고, 내부 교통망 확충을 통해 도시 중앙 접근성이 개선될 것이므로 성급하게 매도하기보다는 여유를 갖고 기다리는 것이 바람직하다.

도시 중심과 외곽의 매매가 격차, 그 이유는?

동탄2신도시는 화성시 동탄면, 청계동, 영천동 일대에 조성된 대표적인 2기 신도시로, 부지 면적과 공급 세대수, 수용 인구 면에서 2기 신도시 중 상위 규모를 자랑하고 있다.

동탄2신도시 아파트의 매매가와 전세가의 독특한 특징으로 크게 두 가지를 언급할 수 있다. 첫 번째는 도시 중심과 외곽의 아파트 매매가 격차가 상당히 크다는 것이고, 두 번째는 도시 중앙을 중심으로 매매가와 전세가 차이가 상당히 크다는 것이다. 이 두 가지 현상이 왜 발생하게 되었는지 그 이유를 명확히 이해한다면, 향후 동탄2신도시 전체 아파트 가격이 어떻게 변할지 짐작할 수 있어 투자 판단에 상당한 도움이 될 것이다.

먼저 도시 중심과 외곽의 아파트 매매가 격차가 큰 이유를 생각해보자. 이런 현상이 발생한 이유는 여러 가지가 있겠지만, 가장 주된 이유는 도시의 구조와 교통 체계에서 비롯되었다고 볼 수 있다.

다음은 동탄역 역세권 아파트와 비역세권 아파트의 위치를 표시한 지도와 매매가와 전세가를 비교한 표다. 평당 가격을 각 면적에 대입해보면, 면적에 따라 적게는 4억 원대 중반, 많게는 7억 원대 중반 정도의 차이가 난다. 준공연도가 같고 같은 도시 내에서 비슷한 생활권을 누리고 있음에도 불구하고, 격차가 상당히 크다.

출처: 카카오맵

• 동탄역 역세권 아파트와 비역세권 아파트 가격 비교 표 •

아파트명	준공연도	매매가 (만 원/평)	전세가 (만 원/평)	위치
동탄역더샵센트럴시티	2015년	3,455	903	동탄역 역세권
동탄대원칸타빌포레지움	2015년	1,802	900	동탄2신도시 외곽

출처: 네이버부동산(2020년 12월 기준)

　　동탄2신도시는 계획된 도시 구조 특성상 외부로 연결되는 교통수단이 정차하는 동탄역이 도시 중앙에 위치해 있고, 도시 곳곳에서 도시 중앙으로 연결되는 연계 교통을 보급하는 형태로 교통이 발달되고 있다. 아직은 중앙으로 연결되는 연계 교통수단이 완벽하게 보급된 상태가 아니기 때문에 동탄2신도시의 중심인 동탄역 주변에서 멀어질수록 아파트 가격차가 점점 커진다.

동탄2신도시 내에 계획된 연계 교통인 트램은 화성 반월에서 오산을 잇는 노선과 병점에서 동탄2신도시를 잇는 노선이 계획 중인데, 타당성 평가 및 기본 계획 수립을 마친 후 늦어도 2021년 상반기에 기본 계획을 확정 고시할 예정이다. 2개의 노선에 34개의 정거장이 지어지기 때문에 계획대로 2027년에 트램이 개통되면, 그동안 동탄역으로 접근하기가 불편했던 도시 외곽 아파트들도 접근성이 좋아져 본격적으로 주목을 받기 시작할 것으로 보인다.

도시 중앙을 중심으로 매매가와 전세가 차이가 큰 이유는?

이번에는 도시 중앙을 중심으로 매매가와 전세가 차이가 큰 이유를 생각해보자. 다음은 동탄역 주변 아파트의 매매가와 전세가를 비교한 표다.

• 동탄역 주변 아파트 가격 비교 표 •

아파트명	준공연도	매매가 (만 원/평)	전세가 (만 원/평)	매매가와 전세가 차이
동탄역더샵 센트럴시티	2015년	3,455	903	7억~9억 원
동탄역반도유보라 아이비파크8.0	2018년	3,038	824	6억 5천~7억 5천만 원
동탄역시범한화 꿈에그린프레스티지	2015년	3,121	1,125	6억~7억 원

동탄역반도유보라 아이비파크5.0	2017년	2,776	645	7억~7억 5천만 원

출처: 네이버부동산(2020년 12월 기준)

아파트마다 약간의 차이는 있지만 적게는 6억 원, 많게는 9억 원 정도의 갭 차이를 보이고 있다. 아파트의 매매가와 전세가는 같은 요인에 의해 변동하는 것이 아니다. 매매가가 오르면 무조건 전세가도 따라서 오른다고 말하는 사람들이 있는데, 절대 그렇지 않다.

다음은 2015~2020년 동탄역 주변 A아파트의 매매가와 전세가 변동 추이를 나타낸 그래프다.

· 2015~2020년 동탄역 주변 A아파트 매매가 변동 추이 ·

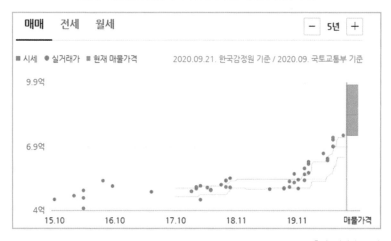

출처: 네이버부동산

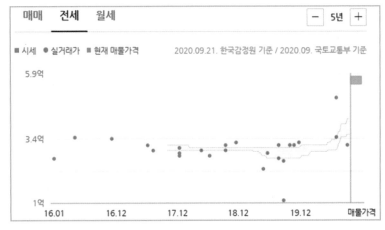

• 2016~2020년 동탄역 주변 A아파트 전세가 변동 추이 •

만약 매매가와 전세가가 같은 요인에 의해 변동한다면, 기간을 얼마로 잡든 그래프 변동 패턴이 같아야 하는데, 실상은 어떤가. 매매가는 현재는 물론, 미래가치까지 반영한 지표이고, 전세가는 현재의 사용가치를 반영한 지표다.

만약 미래가치는 크지 않지만, 현재 살기가 매우 편하다면 매매가는 낮고, 전세가는 상대적으로 높아 갭 차이가 적으면서 가격은 싼 아파트가 된다. 만약 그 아파트가 속한 지역이 새로운 개발호재로 미래가치가 있는 지역으로 변하면 전세가는 거의 그대로이고, 매매가는 급상승하는 패턴을 보일 것이다. 그리고 개발이 완료되어 살기가 편해지면 전세가가 이미 오른 매매가를 수렴해 갭 차이는 다시 줄어들 것이다. 이러한 이유로 새로운 개발호재가 예정된 지역의 갭 차이가 작은 아파트가 늘 집중 투자 대상이 되는 것이다.

반대로 현재는 물론이고 미래가치가 큰 아파트인데, 현재 살기가 매우 불편하나면 매매가는 높고, 전세가는 상대적으로 낮아 갭 차이가 크면서 가격은 비싼 아파트가 된다. 동탄역 주변 아파트가 딱 후자에 속한다.

한마디로 동탄역 주변을 포함한 동탄2신도시 아파트는 미래가치는 충분하지만, 현재 살기가 불편해 특이한 가격 구조를 형성하고 있다. 현재 진행 중인 신도시 내 이동 수단 트램을 중심으로 도시 내 연계 교통이 완성되어 현재 사용가치 또한 상승하면, 동탄역 주변 아파트와 도시 외곽 아파트의 가격차는 더 이상 벌어지지 않고 유지된 채 동반 상승하거나, 경우에 따라서는 격차가 소폭 줄어들 것이다.

실거주자라면
지금 당장 진입하자

동탄2신도시 아파트는 어떤 전략으로 접근해야 할까? 실거주와 투자 목적으로 나누어 생각해보자. 먼저 실거주 목적이라면 시간을 끌 이유가 없다. 앞서 설명했듯 동탄2신도시 아파트의 미래가치가 크기 때문에 상대적으로 높은 매매가가 형성되어 있는 것이다. 실제로 거주할 계획이 있고, 매입에 필요한 자금도 마련된 상태라면 오늘이라도 당장 매입하는 것이 좋다.

만약 투자 목적인데 자금이 마련되어 있지 않은 상태라면, 도시 내 연계 교통 확충으로 전세가가 어느 정도 회복된 후에 나만의 시기를 정해 진입할 것을 권한다. 아직은 동탄역을 중심으로 갭 차이가 크기 때문에 시기상 적절치 못하며, 현재 상태에서 필요한 투자자금 정도면 동탄2신도시뿐 아니라 서울도 접근이 가능하다.

　동탄2신도시에 이미 아파트를 보유하고 있다면, 공급 및 입주가 거의 마무리되었고, GTX-A노선을 통해 서울 접근성이 개선되고, 내부 교통망 확충을 통해 도시 중앙 접근성이 개선될 것이므로 성급하게 매도하기보다는 여유를 갖고 기다리는 것이 바람직하다.

투자 포인트 전격 분석

♟ 현재 동탄2신도시는 도시 내 교통망과 서울 접근성이 좋지 않다는 것을 제외하면, 생활 인프라는 여느 신도시에도 뒤지지 않을 만큼 좋은 상태다. 서울 접근성과 자족 기능을 동시에 충족한 신도시가 많지 않기 때문에 시간이 흐를수록 동탄2신도시의 가치는 점점 높아질 것이다.

♟ 동탄2신도시에 진입하고 싶은데 자금이 넉넉하지 않다면, 꼭 동탄역 역세권 아파트를 고집하지 않아도 된다. 자금에 맞게 도시 외곽의 아파트를 선택하는 것도 차선책으로 훌륭하다. 동탄역 역세권 아파트에 비해 매매가는 절반 수준이고, 전세가는 거의 비슷한 수준이기 때문에 자금 부담이 덜하고, 때가 되면 도시가치 상승과 함께 외곽 아파트도 주목을 받을 가능성이 크다.

♟ 현재 형성된 동탄역 주변 아파트의 시세를 어떻게 생각하는가? 물론 객관적으로는 몇 년 전에도 비쌌고, 지금도 비싸다. 그러나 이 책을 통해 동탄2신도시의 전반적인 생리를 완벽하게 이해했다면, 좀 더 멀리 볼 수 있어야 한다. 동탄2신도시는 여전히 발전 중이고, 앞으로도 더욱 가치가 높아질 것이다. 현재 동탄2신도시 아파트 가격은 분명 최고점이 아니다.

대규모 정비 사업으로 새로운 세상이 될

성남시

경기도 중앙부에 위치해 있으며, 그 어느 경기도 위성도시보다 서울 접근성이 뛰어나다. 수도권에서 가장 먼저 개발된 위성도시로, 서울에서 벗어난 사람들을 위한 대단위 거주지로 개발되었다. 분당신도시, 판교신도시, 위례신도시가 인접해 있으며, 대규모 개발이 완료되면 분당신도시, 판교신도시와 함께 완전한 신도시로 거듭날 것이다.

🅠 현재 성남시는?

'성남' 하면 단연 정비 사업이다. 성남시 정비 사업은 크게 5단계로 구분되는데, 1단계는 이미 입주를 완료했고, 2단계부터 단계별로 시간차를 두고 사업이 활발히 진행 중이다. 각 사업 구역마다 확실한 장점이 있어 시장에 매물이 나오기만 하면 바로바로 거래가 되는 분위기다.

🅠 성남시의 미래 모습은?

이미 개발된 1기 신도시 분당과 2기 신도시 판교와 더불어 성남시의 구도심 개발이 완료되면, 성남시 도시 전체가 완전한 신도시로 탈바꿈할 것이다. 지금까지 미개발 상태로 남겨졌던 구도심은 단지 환경이 주변 신도시보다 열악해 가치가 낮았을 뿐, 입지와 서울 접근성은 훌륭하다. 모든 정비 사업이 완료되면, 주변 2기 신도시와 아파트 가격 키 맞추기가 실현될 전망이다. 몇 년 내에 성남시 구도심에도 20억 원대 아파트가 등장할 것이다.

🅠 딱 이것만 기억하자!

현재 성남시에서 진행 중인 정비 사업은 구역마다 사업성 차이가 있지만, 크게 신경 쓰지 않고 어느 구역 아파트든 편하게 매입해도 수익이 보장된다. 자금 부담은 있지만 향후 1~2년 이내에 빠른 입주를 원한다면 거래 가능한 아파트 분양권을 매입하는 것을 추천하고, 입주 시점은 명확하지 않지만 상대적으로 적은 자금으로 진입하기를 원한다면, 사업 초기 단계인 구역의 빌라나 단독주택을 매입하는 것을 추천한다.

신도시로 완전체가 될 날이 머지않았다

성남시는 1기 신도시 분당과 2기 신도시 판교 그리고 지금 한창 정비 사업이 진행 중인 구도심으로 구분되며, 여기서 설명하는 성남시는 분당과 판교를 제외하고 개발이 필요한 구도심을 말한다.

성남시는 위례신도시와 인접해 있고, 단순 거리상으로는 분당보다 서울 업무 중심지인 강남과의 접근성이 더 좋다. 그럼에도 성남시가 최근 많은 가격 상승에도 불구하고 여전히 위례신도시는 물론, 같은 행정구역인 분당에도 미치지 못하는 이유는 이들 신도시에 비해 생활 인프라가 너무나 부족하기 때문이다.

솔직히 '성남' 하면 가장 먼저 떠오르는 이미지가 그렇게 긍정적이지만은 않다. 많은 사람이 아직도 성남시를 허름한 동네 정도로 인식하고 있는 것이 사실이다. 바꿔 말하면, 성남시가 조금씩 시간차를 두고 진행하는 대규모 정비 사업을 통해 좋은 인프라를 구축하게 된다면, 주변 신도시 아파트 가격과 점점 어깨를 나란히 할 수도 있다.

대규모 정비 사업이 진행 중인 성남시

과거 성남시의 모습만 기억하고 있는 사람들에게 2020년 말 기준, 성남시의 30평대 신축 아파트 호가가 13억 원 수준이라고 하면 놀라

입을 다물지 못한다. 그만큼 성남시는 과거에 비해 놀라운 상승을 이룩했다.

현재 성남시에서 진행 중인 정비 사업 구역들은 다른 지역에 비해 특별한 장점이 있다. 바로 사업 규모 자체도 대규모이지만, 지역 내각 사업 구역을 개별적으로 보더라도 전례를 찾아보기 힘들 정도로 규모가 월등히 크다는 것이다. 앞서 대규모 개발이 최대 장점이라고 소개한 광명시나 서울시 강동구보다 개발 규모가 더 크며, 교통과 서울 접근성은 오히려 광명시보다 뛰어나다.

성남시의 대표적인 정비 사업 구역인 상대원2구역과 금광1구역의 면적만 보더라도 20만㎡가 넘고, 공급 세대수 또한 5천 세대가 넘는다. 신흥1구역과 신흥3구역, 수진1구역도 면적을 봤을 때는 최소 3천 세대, 최대 5천 세대 규모로 공급될 것이다. 이 지역은 오래된 도심이라 개발의 필요성이 충분하고, 성남시 자체적으로도 개발 의지가 강해 최근 사업 진행이 속도를 내고 있다. 그로 인해 사업 초기 단계인 구역들도 사업이 빠르게 진행될 것으로 보인다.

대규모 개발의 중요성과 가치에 대해서는 이미 충분히 설명했지만, 성남시는 대규모 개발의 대표 중에서도 대표라 할 수 있는 지역이기 때문에 다시 강조하지 않을 수 없다.

• 성남시 대규모 개발 단계별 해당 지역 •

2단계	중1구역, 금광1구역, 신흥2구역
3단계	산성구역, 상대원2구역
4단계	수진1구역, 신흥1구역
5단계	태평3구역, 신흥3구역, 상대원3구역

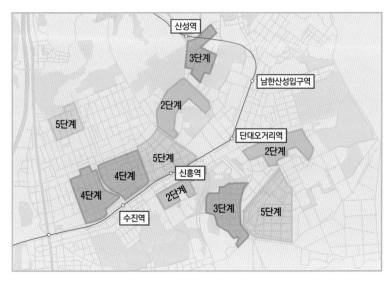

출처: 성남시청

성남시 재개발은 크게 5단계로 구분할 수 있는데, 1단계는 이미 2012년에 입주를 완료했기 때문에 구체적인 언급은 하지 않도록 하겠다. 2단계부터 하나씩 분석해보도록 하자.

2단계:
중1구역, 금광1구역, 신흥2구역

• 중1, 금광1, 신흥2구역 위치 •

출처: 카카오맵

2단계는 중1구역, 금광1구역, 신흥2구역이 해당된다. 먼저 중1구역은 8호선 신흥역에서 불과 100여 미터 거리에 있다. 약 2천 4백 세대가 2022년 9월에 입주할 예정이다. 객관적으로 2천 4백 세대라면 엄청나게 큰 단지에 속하지만, 성남시 정비 사업 구역 중에서는 작은 단지에 속하니 성남시에서 진행 중인 각 사업 구역이 얼마나 대규모인지 짐작할 수 있을 것이다.

금광1구역은 8호선 단대오거리역에서 300여 미터 거리에 있고, 약 5천 3백 세대가 2022년 11월에 입주할 예정이다. 성남시 정비 사업 구역이 대부분 그렇지만 금광1구역 역시 면적이 작은 수많은 개인 소유의 땅을 하나의 필지로 통합해 5천 세대가 넘는 아파트를 공급하는 형태이기 때문에 건물 높이, 보도블록, 색상이 제각각이던 무질서한 모습에서 전체적으로 깔끔한 도심의 모습을 갖추게 된다. 뛰어난 서울 접근성과 입주 후 편리한 생활 인프라로 인해 소득 수준이 높은 입주민이 유입되어 이 일대 수준을 전체적으로 격상시킬 것이라 예상한다.

신흥2구역은 8호선 산성역과 단대오거리역을 모두 이용할 수 있지만, 규모와 두 역과의 거리를 감안했을 때, 중1구역과 금광1구역에 비해 대중교통을 이용하기가 조금은 불편한 위치에 있다. 다만, 단지가 희망대공원을 품고 있어 공원과 인접해 있는 동은 좋은 채광과 조망권이 확보되어 입주 후에도 상당한 인기가 있을 것으로 예상된다. 신흥2구역은 약 4천 7백 세대가 2023년 10월에 입주할 예정이다.

3단계:
산성구역, 상대원2구역

• 산성, 상대원2구역 위치 •

출처: 카카오맵

3단계는 산성구역, 상대원2구역이 해당된다. 먼저 산성구역은 8호선 산성역 바로 앞에 있고, 위례신도시 경계와도 불과 500여 미터밖에 떨어져 있지 않아 도보로도 왕래가 가능하다. 성남시 자체의 대규모 개발도 장점이지만, 산성구역은 도보로 위례신도시 생활권을 누릴 수 있다는 것이 또 다른 장점이라 할 수 있다. 산성구역 역시 약 3천 3백 세대가 공급되는 대규모 개발이다.

상대원2구역은 8호선 신흥역과 거리는 멀지 않지만, 신흥역에 우회해서 접근해야 하는 불편함이 있다. 사업 구역과 전철역 사이에 언덕이 있는 것도 다소 아쉬운 부분이다. 상대원2구역도 약 5천 1백 세대가 계획되어 있는 대규모 개발이다.

3단계 사업 구역은 구체적인 일정이 나오지 않았지만, 사업 진행 속도로 봤을 때 2025~2026년에 입주를 시작할 수 있을 것으로 예상된다.

민관 합동으로 빠르게 사업이 진행될 4단계와 5단계

• 4단계 수진1, 신흥1구역 위치 •

출처: 카카오맵

출처: 카카오맵

4단계인 수진1구역과 신흥1구역, 5단계인 태평3구역과 신흥3구역, 상대원3구역은 아직 구역 지정이 완료되지 않았다. 구역 지정이 완료되지 않으면 구역 지정 자체가 해제될 수도 있는 엄청난 리스크가 있다고 생각할 수 있는데, 성남시 정비 사업은 또 다른 특별한 점이 있다. 그것은 바로 3단계 사업을 제외한 모든 단계가 민관 합동으로 진행된다는 점이다.

민관 합동으로 진행되면 구역 지정이 해제될 가능성이 상대적으로 낮고, 사업 진행 속도도 민영으로 진행할 때보다 빠르다. 사업 초기에 투자자금이 적게 들고, 전체 사업 기간이 줄어들기 때문에 자금이 장기간 묶이는 리스크도 사라진다. 분양가 역시 당시 주변 시세를 반영해 책정하므로, 사업 기간이 단축될수록 더욱 저렴해질 가능성이 크다.

4단계와 5단계는 언제 입주가 가능할지 알 수 없다. 통상 구역 지정부터 입주까지 10년 정도가 걸리는데, 민관 합동으로 빠르게 사업이 진행될 것을 감안하면, 2027년에는 입주가 가능할 것이라 예상한다.

살 수 있다면
지금 당장 사자

성남시에서는 어떤 주택을 사야 할까? 결론부터 말하면 아파트든, 빌라든 살 수만 있다면 지금이라도 당장 사야 한다. 인접한 강남에 풍부한 일자리가 있고, 강남 접근이 편리한 교통수단이 마련되어 있어 대부분의 아파트와 주택이 역세권 범위에 들어와 있다. 그리고 지역 전체가 개발되면 훌륭한 생활 인프라를 갖추게 되기 때문에 신축, 구축 구분할 것 없이 미래가치가 매우 높다.

만약 빠른 입주를 원한다면, 현재 전매가 가능한 분양권을 매입하는 것이 가장 깔끔하다. 다만, 입주를 2년 정도 앞둔 시점이라 프리미엄이 5억 원 이상 붙어 거래되고 있다. 5억 원이란 금액이 부담스러울 수도 있지만, 확실한 것은 주변 시세와 미래가치를 생각한다면 여전히 저렴한 것이며, 별도의 임대 관리를 할 필요가 없다는 것이 장점이다.

만약 성남시에서 상대적으로 적은 자금으로 조합원 자격을 얻고 싶다면, 다소 시간이 걸리더라도 구역 지정을 앞두고 있는 4~5단계 사업 구역의 입주권을 매입하는 것이 좋다. 다만 이 경우에는 매입자금이 줄어드는 만큼 세입자의 전세보증금이 필요하므로 이주 및 철거 단계 전까지 꾸준히 임대 관리를 해줘야 한다는 점을 염두에 두어야 한다.

특히 수진1구역, 신흥1구역, 신흥3구역은 평지이면서 전철역이 가까워 임대 수요가 많지만, 그만큼 꾸준히 집을 관리해줘야 세입자의 전세보증금이 안정적인 지렛대 역할을 해줄 수 있다. 관리를 소홀히 해 세입자가 나가고, 새 세입자를 구하지 못하면 투자자금이 그만

• 구역별 사업 진행 상황을 확인할 수 있는 성남시 홈페이지 •

출처: 성남시 홈페이지

큼 더 필요하다는 점도 큰 부담이 된다. 이 점을 감안하고 매입해야
한다.

성남시 구역별 사업 진행 상황은 실시간으로 변경되기 때문에 필
요할 때마다 직접 확인하는 노력을 기울여야 한다. 재개발 사업은 공
공사업이므로 모든 과정을 지자체에서 관리한다. 성남시 정비 사업
과 관련하여 새로운 정보를 알고 싶다면 성남시 홈페이지를 활용하
는 것이 좋다.

성남시 홈페이지에 접속한 뒤 [분야별 정보]→ [도시정비]→ [정비
사업현황]을 클릭하면, 해당 사업 구역의 위치도, 사업 진행 현황, 사
업 개요 등을 한눈에 볼 수 있다.

투자 포인트 전격 분석

🛡 일반적으로 재개발 사업은 토지 면적이 넓을수록, 조합원 수가 적을수록 사업성이 크다. 즉 토지 한 필지에 여러 명이 권리를 주장하는 빌라(다세대)가 많은 구역보다는 토지 한 필지에 한 사람이 권리를 주장하는 단독주택이나 다가구주택이 많은 구역이 사업성이 크다.

🛡 하지만 적어도 성남시에서는 이런 세세한 것까지 따질 필요가 없다. 앞서 강조했듯 현재 성남시에서 진행 중인 재개발 사업은 모든 사업 구역이 대규모이기 때문에 충분한 사업성이 보장되어 있다. 너무 세세한 것을 따지다 귀하디귀한 매물을 놓치는 우를 범하지 않기를 바란다.

🛡 지도상으로 성남시 구도심 전체를 보면, 정비 사업을 하는 부분이 그렇지 않은 부분보다 압도적으로 많다. 성남시는 남은 구도심 개발이 끝나면 판교신도시, 분당신도시와 더불어 시 전체가 화려한 모습을 갖춘 신도시로 변화하게 된다. 전례 없는 대규모 개발이 기대되는 만큼, 판교신도시, 분당신도시와의 시너지효과로 경기도의 중심 도시가 될 것이라 전망한다.

GTX-B노선과 오션뷰, 우수 학군의 콜라보
인천 송도국제도시

인천광역시 연수구 송도동에 조성된 인천경제자유구역 중 하나다. 우수 외국계 기업을 대거 유치하고, 외국인 거주 비율을 높이는 등 완벽한 국제도시의 모습을 염두에 두고 조성한 도시다. 연세대, 인하대, 뉴욕주립대 등의 글로벌 캠퍼스와 양질의 대규모 학원가, 채드윅 송도국제학교 등으로 높은 수준의 교육 환경을 자랑하고 있다.

○ 현재 송도국제도시는?

서울 접근성을 제외하면 어느 것 하나 나무랄 것 없는 신도시였지만, 최근 GTX–B노선 개발 확정으로 고질적인 문제마저 해결되었다. 비록 애초에 계획한 완벽한 국제도시의 모습은 아니지만, 규모를 갖춘 기업들이 꾸준히 입주하고 있고, 향후 인천광역시 외 지역에서도 인구가 유입될 것이라 전망한다.

○ 송도국제도시의 미래 모습은?

송도국제도시가 한 단계 더 도약하기 위해서는 활발한 외부 인구 유입으로 누구에게나 인기 있는 도시가 되어야 한다. 이미 훌륭한 생활 인프라와 교육 여건이 갖추어져 있고, 최근 GTX–B노선 개발 확정이 더해져 거의 모든 것을 갖춘 도시로 발전할 준비를 마쳤다. GTX–B노선 개통 시기가 다가오면 외부 인구가 본격적으로 유입될 것이다. 광역고속전철의 존재는 송도국제도시를 수도권 인기 신도시로 만들 수 있을 것으로 보인다.

○ 딱 이것만 기억하자!

인천대입구역 역세권 아파트는 GTX–B노선 개발호재, 해변가 아파트는 훌륭한 바다 조망권, 학원가 주변 아파트는 좋은 학군과 대규모 학원가의 영향으로 서로 적당한 격차를 두고 가격이 동반 상승 중이다. 개인의 자금 사정을 고려해 어디든 편하게 진입해도 무방하다. 상승폭의 차이만 있을 뿐, 꾸준한 상승세를 이어갈 전망이다.

쾌적하고
살기 좋은 도시

송도국제도시는 바다를 매립해 조성한 2기 신도시다. 현재 송도에는 약 16만 명이 거주하고 있고, 향후 10만 명 정도가 더 늘어날 것으로 예상된다. 현재 굉장히 많은 인구가 거주하는 것처럼 보이지만, 송도 전체 면적에 비하면 상대적으로 적은 편이다. 송도국제도시에 직접 가보면 다른 신도시에 비해 녹지 공간이 많아 시야가 탁 트이고, 쾌적한 느낌이 든다.

계획대로 진행되고 있지 않지만
미래가치는 충분한 도시

많은 사람이 송도를 송도신도시라 부르는데, 정식 명칭은 송도국제도시다. 이름을 통해 알 수 있듯 송도국제도시는 자국 내 기업 대비 외국계 기업 유치 비율을 높이고, 외국인도 전체 인구의 최대 30% 수준까지 거주하도록 해 완벽한 국제도시의 모습을 염두에 두고 조성한 도시다. 그러나 도시가 거의 완성된 모습을 갖추어 가고 있음에도 2021년 현재 외국계 기업 유치 비율은 당초 계획에 훨씬 미치지 못하고 있고, 외국인 비율 또한 1% 수준에 그쳐 있다.

그렇다면 송도국제도시는 당초 계획대로 발전하지 못하고 있으니 미래가 밝지 않다고 봐야 할까? 결론부터 말하면, 결코 그렇지 않다.

단지 계획대로 진행되고 있지 못할 뿐, 송도국제도시는 향후 발전 가능성이 매우 크다.

우리도 사회생활을 하며 수많은 계획을 세우고 실행하지만, 나중에 결과를 보면 계획대로 진행되지 않았어도 성공했다고 평가하는 프로젝트가 있지 않은가. 송도국제도시 역시 그런 케이스에 속한다. 비록 완벽한 국제도시의 모습은 아니지만, 현재 송도국제도시에는 규모를 갖춘 기업들이 상당수 입주해 있고, 해를 거듭할수록 그 수가 늘고 있다.

지금은 새로 부지를 조성해 사옥을 다른 곳으로 이전했지만, 필자 역시 송도국제도시에 있던 한국해양과학기술원 부설 극지연구소에서 2009년부터 3년간 연구원으로 근무하며 유용물질을 생산하는 해양 미생물에 대해 연구한 적이 있다. 그 당시 송도사이언스빌리지에는 적잖은 기업이 입주해 있었다. 지금은 그때보다 질적으로나 양적으로나 입주 기업이 훨씬 풍부해졌으며, 송도국제도시의 일부 자족 기능을 담당하고 있다.

다만 조금 아쉬운 점은 송도국제도시에 거주 중인 대부분의 사람이 이전부터 계속 인천광역시에 거주했다는 사실이다. 이는 외부에서 송도국제도시로 유입된 인구가 거의 없다는 의미다. 도시가 더욱 활성화되고 발전하기 위해서는 외부에서 꾸준한 인구 유입이 필수인데, 송도국제도시는 훌륭한 생활 인프라에 비해 서울과의 물리적 거리가 너무 멀고 접근성이 좋지 않아 외부 인구 유입에 한계가 있었다. 하지만 앞서 잠시 언급했듯 GTX-B노선 개발 확정으로 이 문제가 해소될 전망이다. 이에 대해서는 이후에 더 자세히 설명하도록 하겠다.

높은 수준의
교육 환경

송도국제도시의 또 다른 장점으로 학원가를 들 수 있다. 현재도 상당히 큰 규모의 학원가가 형성되어 있지만, 시간이 흐르고 도시가 완성되어 갈수록 더욱 성장할 것으로 보인다.

• 채드윅 송도국제학교와 중심 학원가 위치 •

출처: 카카오맵

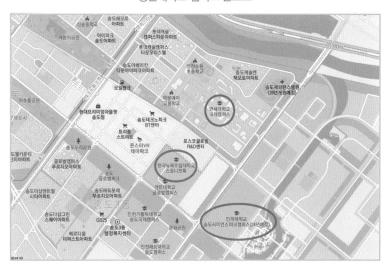

출처: 카카오맵

부동산 관점에서 원론처럼 말하는 '좋은 학군'이란 좋은 학교와 양질의 대규모 학원가, 높은 교육열을 가진 수요층이 공존하는 것을 의미한다. 송도국제도시는 국제적인 콘셉트에 맞게 좋은 학교들이 분포되어 있고, 대규모 학원가가 형성되어 있다. 또한 교육열 높은 수요층이 지금도 꾸준히 유입되고 있다. 송도국제도시에 분양 예정 단지가 남아 있는 만큼 앞으로도 학원가를 중심으로 이런 장점이 극대화될 것이다.

GTX-B노선 개통으로 인한 외부 인구 유입 가속화

　송도국제도시의 가장 큰 개발호재는 단연 GTX-B노선 개발 확정이다. GTX-B노선이 개통되면 외부 인구 유입에 한계가 있었던 문제도 상당 부분 개선될 것이고, 그로 인해 송도국제도시 아파트 가격도 변화가 생길 것이다.

・ GTX-B노선 예정역인 인천대입구역 주변 ・

출처: 카카오맵

　실제로 GTX-B노선 개발이 확정되면서 송도국제도시 아파트 가격에 큰 변화가 있었다. 다음은 GTX-B노선 신설역이 예정되어 있는 인천대입구역 주변 A아파트, 바다 조망권이 확보되어 있는 해변가 B아파트, 학원가 주변 C아파트의 가격을 정리한 표와

2015~2020년 A아파트 매매가 변동 추이를 나타낸 그래프다.

• GTX-B노선 개발 확정 이후 예정역 주변 아파트 가격 비교 표 •

	준공연도	매매가 (만 원/평)	전세가 (만 원/평)	입지
A	2015년	2,184	1,124	GTX-B노선 역세권
B	2020년	1,908	772	바다 조망권 확보
C	2012년	1,712	1,048	학원가 인접

출처: 네이버부동산(2020년 말 기준)

• 2015~2020년 A아파트 매매가 변동 추이 •

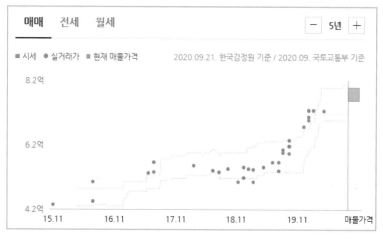

출처: 네이버부동산

그래프를 보면 GTX-B노선 개발이 확정되고 2019년부터 A아파트 매매가가 불과 6개월 만에 1억 5천만 원, 평당 가격으로 환산하면 약 428만 원이 급격하게 상승하면서 B아파트의 가격을 추월한 것을 확인할 수 있다. 준공연도가 5년이나 차이가 나고, 바다 조망권 차

이가 있음에도 말이다. GTX-B노선 개발호재가 없었다면 A아파트
는 단기간에 가격이 급상승하지 못했을 것이고, 정상적인 가격 흐름
정도로만 상승해 2020년에 준공한 바다 조망권이 있는 B아파트보다
시세가 낮았을 것이다.

그런데 GTX-B노선 개발 확정으로 송도국제도시의 고질적인 문
제였던 서울 접근성이 개선될 가능성이 보이면서 판도가 바뀌었다.
서울 접근성이 좋은 고속전철 노선이 주변 아파트 가치에 얼마나 큰
영향을 미치는지 알 수 있는 좋은 예다.

모두 나름의 장점을 갖고 있는 송도국제도시 아파트

송도국제도시 아파트는 어느 정도 세대수만 갖추고 있다면 언제든
편하게 매입해도 좋다. 단, 여건이 된다면 하루라도 빨리 매입할 것
을 권한다.

지금까지 이 책에서 분석한 도시들은 각 도시의 특징을 고려해 미
래가치가 있는 아파트와 상대적으로 주의가 필요한 아파트를 구분해
야 하는 경우가 많았지만, 송도국제도시는 가격 격차만 있을 뿐이다.
인천대입구역 역세권 아파트는 GTX-B노선 개발호재, 해변가 아파
트는 훌륭한 바다 조망권, 학원가 주변 아파트는 좋은 학군과 교육
여건을 호재 삼아 조정 없이 가격이 꾸준히 동반 상승 중이다.

투자 포인트 전격 분석

♟ 송도국제도시는 서울 접근성이 획기적으로 개선되는 교통 개발호재와 탄탄한 학군, 훌륭한 바다 조망권, 꾸준한 투자 수요 집중 등 많은 장점을 가지고 있다. 교통 여건, 교육 여건이 잘 갖추어진 곳은 장기적으로 발전 가능성이 크고, 경제위기가 발생해도 가장 나중에 흔들린다.

♟ 필자가 과거에 송도국제도시에서 근무할 때만 해도 한창 도시가 건설 중이라 주변에 공사 장비만 가득했는데, 얼마 전에 방문해보니 너무나도 아름답고 쾌적한 신도시의 모습을 갖추고 있어 직접 살아보고 싶다는 생각이 들었다. 10여 년이 지났으니 이런 드라마틱한 변화가 무리도 아닐 것이다.

♟ 송도국제도시는 애초 계획한 국제도시의 모습과는 조금 다르지만, 지금까지 심도 있게 설명한 특징들을 잘 참고하면 괜찮은 시세 차익을 볼 수 있고, 안정적이고 질 높은 생활 인프라를 누릴 수 있다. 다만, 이것 한 가지만 명심하자. 송도국제도시에서 가장 입지가 좋은 곳은 단연 GTX-B노선 신설역 주변 아파트다. 그러나 자신의 경제력 한계를 벗어나는 투자는 지양해야 한다. 자금이 받쳐주지 않는다면 해변가 아파트와 학원가 주변 아파트도 훌륭한 차선책이 될 수 있다는 사실을 기억하기 바란다.

많은 주목을 받았지만 많은 주의도 필요한

안산시

경기도 서남부에 위치한 도시로, 반월국가산업단지와 시화국가산업단지가 조성되어 있는 수도권 핵심 공업 지역이다. 주민들의 평균 연령이 낮은 도시 중 하나로, 고령자 비율이 낮다. 시흥시, 군포시, 의왕시, 수원시, 안양시, 화성시 등과 인접해 있다.

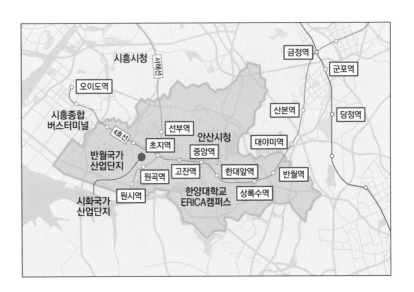

◎ 현재 안산시는?

서울과의 거리가 멀고, 기존 지하철 4호선으로는 서울 접근성을 높이지 못하고 있다. 공단의 존재는 안산시의 자족 기능을 담당하고는 있지만, 대부분 고소득 직종이 아니기 때문에 주택 구매력을 높이는 데 한계가 있는 상황이다. 현재로서 안산시의 아파트 가격을 견인하는 요인 중에는 신안산선의 영향력이 가장 크다.

◎ 안산시의 미래 모습은?

새롭게 규제 지역이 되면서 이전의 비규제 지역 프리미엄이 사라졌다. 시장의 흐름을 바꿀 만한 새로운 부동산 정책이 나오지 않는다면, 신안산선 개통까지는 지금의 가격 흐름이 꾸준히 유지될 것으로 보인다. 당분간 단기간에 가격이 급등하는 현상은 없을 것이다.

◎ 딱 이것만 기억하자!

안산시는 대장주 가격이 오르면 주변 아파트도 따라 오르는 키 맞추기가 가능한 지역이 아니다. 규제 지역이 된 이상 외부에서 유입되는 투자자금은 한계가 있을 것이므로, 신안산선 역세권 신축 아파트를 매입해야 실패하지 않는다. 새로운 상승 요인이 생기면 가장 먼저 그리고 많이 상승할 것이며, 시장 상황이 나빠진다 해도 가장 나중에 그리고 적게 하락할 것이기 때문이다.

계획적으로 조성된 안산시

안산시는 동쪽으로는 군포시와 의왕시, 북쪽으로는 시흥시와 접해 있는, 약 70만 인구가 살고 있는 경기도 외곽 도시다. 서울의 인구 및 산업 분산정책의 일환으로 조성된 도시로, 도시 전체가 계획적·인공적으로 개발된 것이 특징이다. 실제로 안산시에서 유동인구가 많은 서울지하철 4호선 상록수역 주변과 중앙역 주변을 가보면, 오래된 구도심임에도 불구하고 바둑판 형태로 구획이 확실히 나뉘어져 있는 것을 확인할 수 있다.

오랫동안 주목을 받지 못한 안산시

투자자들에게 그다지 관심을 받지 못하던 안산시는 신안산선의 개발과 함께 주목받기 시작했다. 신안산선은 안산시에서 여의도까지 44.7㎞를 잇는 노선이며, 수도권 서남부의 교통 문제 해소를 위해 추진되는 사업이다. 신안산선은 최대 110㎞로 운행하는 고속광역철도. 우리가 흔히 출퇴근 시간에 이용하는 도시철도보다 고속으로 운행되기 때문에 신안산선이 개통되면 안산 한양대역에서 여의도까지 1시간 이상 걸리던 것이 약 25분으로 줄어들 전망이다. 2024년 말 개통을 목표로 사업이 활발히 진행 중이다.

안산시 내에 설치될 신안산선역은 아파트 단지가 집중되어 있는 한양대역, 호수역, 중앙역, 성포역이다.

• 신안산선 노선도 중 행정구역상 안산시에 속한 역 위치 •

출처: 카카오맵

그렇다면 안산시 아파트 가격이 오랫동안 별다른 상승을 경험하지 못한 이유는 무엇일까? 우선 안산시는 서울의 인구 및 산업 분산정책의 일환으로 조성된 도시다. 그로 인해 어쩔 수 없이 서울과 상당한 거리를 두고 조성되었고, 오래전부터 지하철 4호선이 운영되었지만, 그동안 서울 업무 중심지로 진입하기 위해서는 많은 시간이 소요되었다. 한마디로 서울 접근성이 매우 좋지 않았다. 그리고 2000년대 초 아파트 공급 이후 15년 가까이 신축 아파트 공급이 없었고, 기존 아파트의 노후화는 실수요 및 투자 관점에서 그다지 매력적이지 못했다.

안산시의 자족 기능을 담당하는 공단의 존재는 분명 의미가 있지만, 반대로 생각하면 안산시 일자리의 대부분이 고소득 직종이 아니기 때문에 아파트 가격을 끌어올리기에는 한계가 있다.

안산시 집값 상승, 그 이유는?

그럼에도 안산시의 아파트 가격은 최근 오랜 침묵을 깨고 급상승했다. 그 이유는 무엇일까? 크게 세 가지 이유를 들 수 있다.

첫째, 인근 규제 지역에 단기에 투자자금이 집중되어 풍선효과가 나타났다. 안산시는 6·17 부동산 대책 이전까지 비규제 지역이었기 때문에 투자자들의 눈에 상당히 매력적인 투자처로 보였을 것이다.

둘째, 4~5년 전부터 1천 세대 이상의 신축 아파트 단지가 공급되고 있다. 오랜만에 공급된 신규 대단지 아파트는 신안산선 정차역을 중심으로 새로운 대장주가 되었고, 그동안의 아파트 가격 흐름에 변화를 가져왔다.

셋째, 신안산선이라는 초대형 호재로 인해 그동안 안산시의 고질적인 문제였던 서울 접근성이 획기적으로 좋아질 것이라는 기대감이 상황을 변화시켰다. 한마디로 지금까지 안산시가 가지고 있던 문제들이 해결됨으로써 본격적으로 아파트 가격이 움직이기 시작했다고 볼 수 있다.

어떤 아파트를 골라야 할까?

그렇다면 오랜 고질적 문제가 모두 해결되었다고 해서 안산시의 모든 아파트 가격이 급격히 상승했을까? 지금부터 세부적으로 들어가 각 입지마다 어떤 차이가 있고, 앞으로 안산시에서 편리한 실거주와 향후 미래까지 생각한다면 어떤 아파트를 매입해야 하는지 확인해보도록 하자.

다음은 신안산선 신설역이 예정되어 있는 호수역과 주변 아파트 위치를 표시한 지도, 아파트의 가격을 비교한 표, 2017~2020년 매매가 변동 추이를 나타낸 그래프다.

• 신안산선 예정역인 호수역과 주변 아파트 위치 •

출처: 네이버지도

• 호수역 주변 아파트 가격 비교 표 •

아파트명	역명	준공연도	세대수	매매가 (만 원/평)	전세가 (만 원/평)
안산레이크타운 푸르지오	호수역	2016년	1,569	2,086	1,101
고잔푸르지오1차		2001년	1,008	1,265	746

출처: 네이버부동산(2020년 12월 기준)

• 2017~2020년 안산레이크타운푸르지오 매매가 변동 추이 •

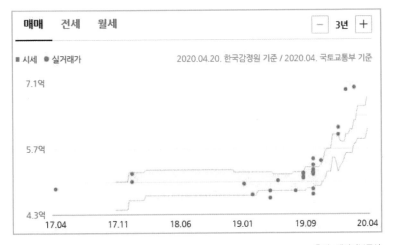

출처: 네이버부동산

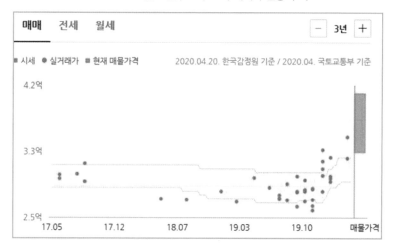

안산레이크타운푸르지오가 고잔푸르지오1차보다 역에서 조금 더 가깝기는 하지만, 두 곳 모두 초역세권 범위 내에 있고, 1천 세대 이상 입주해 있는 대단지다.

두 아파트를 비교해보면 2016년에 준공한 안산레이크타운푸르지오는 불과 1~2개월 사이에 1억 5천만 원 이상 급격히 상승한 반면, 2001년에 준공한 고잔푸르지오1차는 상대적으로 이렇다 할 큰 상승을 경험하지 못했다. 고잔푸르지오1차는 비록 안산레이크타운푸르지오에 비해 구축이기는 하지만, 엄청나게 오래된 아파트가 아님에도 불구하고 신축 아파트에 비해 신안산선 개발호재의 영향을 거의 받지 못하고 있다고 볼 수 있다.

이번에는 신안산선 역세권 아파트와 4호선 역세권 아파트를 비교해보자. 두 아파트는 공교롭게도 브랜드와 준공연도가 동일하며, 세대수도 비슷하다.

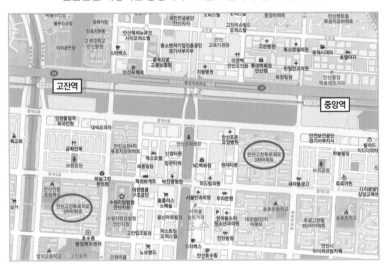

출처: 카카오맵

• 신안산선 역세권 아파트와 4호선 역세권 아파트 가격 비교 표 •

아파트명	역명	준공연도	세대수	매매가 (만 원/평)	전세가 (만 원/평)
고잔푸르지오3차	중앙역 (신안산선)	2003년	1,134	1,601	937
고잔푸르지오5차	고잔역 (4호선)	2003년	1,113	1,403	857

출처: 네이버부동산(2020년 12월 기준)

• 2017~2020년 고잔푸르지오3차 매매가 변동 추이 •

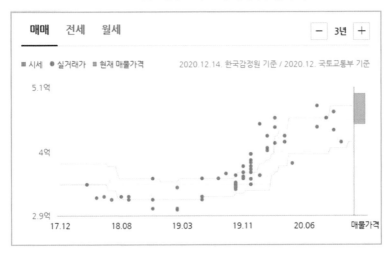

출처: 네이버부동산

• 2017~2020년 고잔푸르지오5차 매매가 변동 추이 •

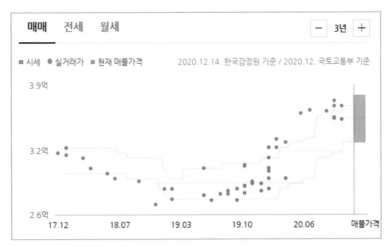

출처: 네이버부동산

중앙역과 고잔역은 한 정거장 차이다. 그럼에도 신안산선 역사가 들어오는 중앙역 역세권 아파트인 고잔푸르지오3차는 단기간에 1억 원 이상 급등한 반면, 기존 4호선 고잔역 역세권 아파트인 고잔푸르지오5차는 상대적으로 상승폭이 작다. 이는 아파트 단지의 기본 스펙이 비슷하다 해도 신안산선 역세권이냐, 기존 4호선 역세권이냐에 따라 엄청난 차이가 있음을 알 수 있는 좋은 예다.

지금까지 설명한 내용을 정리해보자. 안산시에서 투자 목적으로 아파트를 매입할 생각이 있거나, 실거주 목적으로 현재의 편리성과 미래가치를 고려해 갈아탈 생각이 있다면 당연히 역세권 아파트를 선택해야 한다. 그리고 동일한 스펙을 가진 아파트라 해도 가급적이면 신축을 선택하되, 신안산선 역세권에 포함되는지를 주의 깊게 살펴야 한다. 이런 조건을 갖춘 아파트는 앞으로도 꾸준히 선호도가 높아 완만한 상승세를 이어갈 것이다.

투자 포인트 전격 분석

♟ 신안산선 역세권 신축 대단지 아파트 가격은 앞으로도 추가 상승 여력이 있을까? 최근 안산시의 아파트 가격이 급격하게 상승한 요인을 제대로 파악하고, 그 요인들이 소멸되었는지를 체크하면 그에 대한 답을 얻을 수 있다.

♟ 첫째, 안산시는 비규제 지역이라는 장점 때문에 단기에 투자자들을 끌어들일 수 있었다. 안산시는 6·17 부동산 대책으로 인해 투기과열지구로 지정됨에 따라 비규제 지역 프리미엄이 사라졌다. 둘째, 안산시에도 세대수가 많은 신축 아파트 단지가 공급되기 시작했는데, 지금까지 공급된 단지보다 앞으로 공급될 단지가 더 많이 남아 있는 상태다. 셋째, 신안산선이 개통되기까지 4년이란 시간이 남아 있다. 신안산선은 여전히 변화 중이고, 언급한 세 가지 요소 중 두 가지가 남아 있는 상태이므로 신안산선 역세권 신축 대단지 아파트 가격 상승 여력은 드라마틱한 수준은 아닐지라도, 여전히 남아 있다고 볼 수 있다. 신안산선 개발과 함께 안산시가 수도권 서남부의 중심 도시로 도약하는 모습을 기대한다.

♟ 안산시는 필자가 실제로 4년을 거주했던 친근한 도시다. 당시에는 직장이 있는 서울까지 출퇴근을 하려면 왕복 3시간 이상이 소요되었다. 필자는 전철에서 버려지는 시간이 너무 아까워 자기개발을 위해 많은 노력을 했다. 이제 신안산선이 개통되어 서울이 훨씬 가까워지면 전철에서 버려지는 시간을 활용하는 사람들의 모습도 옛날 풍경이 될 것이다.

09

GTX-C노선과 7호선 연장으로 서울 접근성이 높아질
양주신도시

그동안 개발에서 소외되었던 경기 북부에 조성하는 신도시로, 많은 기대를 받고 있다. 회천지구와 옥정지구로 나뉘어 개발 중이며, 예상 수용 인구는 약 16만 명이다. 향후 발전 방향에 따라 양주시 전체, 나아가 경기 북부 전체의 위상을 결정하게 될 것이다.

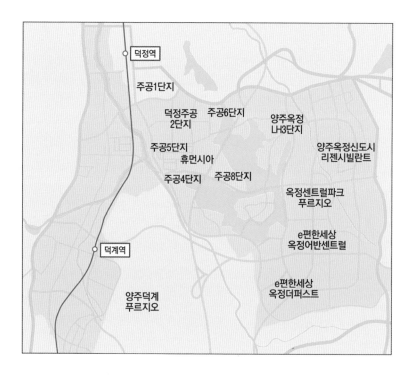

○ 현재 양주신도시는?

덕정역까지 지하철 1호선이 운행되고 있지만, 지금의 교통망을 이용하면 강남이나 여의도까지 1시간 30분 이상 소요된다. 현재로서는 서울을 비롯한 주변 도시에서 인구를 끌어올 동력이 없으므로 활발한 거래가 이루어지기 힘든 상황이다.

○ 양주신도시의 미래 모습은?

GTX–C노선이 모습을 갖춰 갈수록 긍정적인 영향을 받을 것이다. 단, 수혜 범위가 제한적이기 때문에 장기적으로는 양주역세권개발구역이 원래 계획대로 양주시를 비롯한 경기 북부 일자리의 중심이 되어 우수한 기업을 많이 유치해야 한다.

○ 딱 이것만 기억하자!

양주역세권개발구역은 회천지구와 옥정지구로 구성된 양주신도시보다 입지적 우위에 있다. 따라서 자금이 허락된다면, 양주역세권개발구역 쪽을 선택하는 것이 좋다. 양주신도시는 생활 인프라는 조금 부족하지만 편리한 교통을 갖춘 회천지구, 반대로 교통은 불편하지만 상대적으로 좋은 생활 인프라를 갖춘 옥정지구로 구분된다. 어디를 선택하느냐는 선호도의 차이다. 세 곳의 상호 간 입지 우열은 '양주역세권개발구역〉회천지구＝옥정지구'로 요약할 수 있다.

위례와 판교보다 큰
2기 신도시

회천지구와 옥정지구로 구분되는 양주신도시는 경기 북부에 조성되는 2기 신도시 중 하나다. 회천지구는 산북동, 덕계동, 회정동 일원에, 옥정지구는 옥정동, 율정동, 고암동, 삼숭동, 회암동 일원에 조성 중이다. 양주신도시 전체 면적은 대표적인 2기 신도시인 위례보다는 약 1.7배, 판교보다는 약 1.2배 넓다. 그리고 옥정지구는 693㎡로, 363㎡인 회천지구보다 면적이 두 배 정도 크다.

서울과 가까워지는
양주신도시

양주신도시는 서울 북부 경계에서 직선거리로 약 20㎞ 이상 떨어져 있기 때문에 서울 업무 중심지로의 접근성이 매우 좋지 않은 상황이다. 이런 문제를 해결하고자 현재 광역고속전철 개발이 활발하게 진행 중인데, 다음 양주신도시 교통 노선도를 통해 알 수 있듯 회천지구 쪽으로는 기존 서울지하철 1호선에 GTX-C노선이 추가로 개통될 예정이다.

• 양주신도시 회천지구 주변 교통 노선도 •

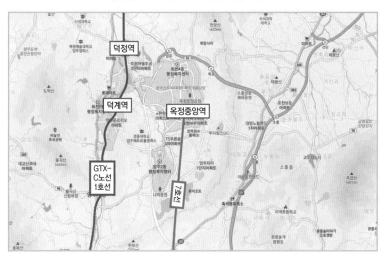

• 양주신도시 옥정지구 주변 교통 노선도 •

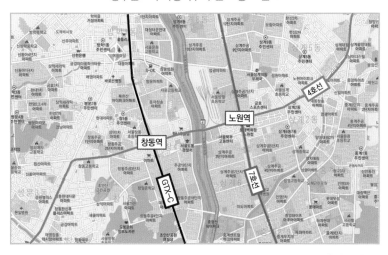

출처: 카카오맵

회천지구에는 덕정역과 덕계역이 있다. 덕정역이 회천지구 최상

단에 위치해 있어 얼핏 봐서는 GTX-C노선 이용 효율이 떨어질 것처럼 보인다. 하지만 회천지구 중심부에 있는 덕계역에서 1호선으로 한 정거장을 이동해 덕정역에서 GTX를 이용하는 방법과 네 정거장을 이동해 의정부역에서 GTX를 이용하는 방법이 있기 때문에 한 번의 환승으로 2시간 가까이 걸리던 서울 접근성이 획기적으로 좋아질 전망이다.

반면 옥정지구로 연결되는 7호선은 장암, 고읍을 지나 옥정지구로 연결되는데, 장암, 고읍, 옥정에 신설될 정차역이 도심 중앙이 아닌 가장자리에 위치해 있다는 점, 지난 예비타당성 조사에서 전체 공사비용을 줄이면서 부족한 사업성을 이끌어냈기 때문에 복선이 아닌 단선으로 운행된다는 점은 큰 단점이라 할 수 있다.

단선과 복선은 표현 그대로 두 대의 열차가 하나의 선로로 번갈아가면서 상하행으로 운행되느냐, 아니면 상하행이 각각 독립된 선로로 운행되느냐의 차이다. 단선으로 운행되면 서로 충돌하지 않기 위해 반대편 열차가 지나갈 때까지 한쪽 열차가 정차해야 하기 때문에 시간이 지체되는 것을 피할 수 없다. 운행 효율이 떨어지니 그만큼 노선 자체의 가치도 떨어질 수밖에 없다.

아쉽지만 나름의 가치를 가진 7호선

그렇다면 7호선 연장 자체가 옥정지구에는 무의미한 것이 아닐까?

결론부터 말하면, 결코 그렇지 않다. 비록 단선이기는 하지만 7호선이 서울에서 파생되어 옥정지구까지 연결되는 것은 분명 호재가 맞다. 물론 7호선이 GTX-C노선과 직접 환승이 되지 않고, 짧은 구간을 두 번 환승해야 하는 불편함이 있는 것은 아쉽다. 하지만 옥정지구에서 7호선을 이용해 서울 외곽으로 진입한 후 노원역과 창동역에서 GTX로 환승이 가능하다. 따라서 회천지구만큼은 아니더라도, 7호선 공사가 진행될수록 옥정역 주변 아파트 가격에는 분명 긍정적인 영향을 미칠 것으로 보인다. 기존 광역버스나 기타 교통수단을 이용할 때보다는 서울 중심지로의 접근 시간이 줄어들 것이므로 7호선 연장선의 존재가 옥정지구에 미치는 영향은 결코 가볍지 않다.

GTX 노선 간 간편 환승 체계, 서울 접근성이 더욱 좋아진다

GTX를 도입하면서 제기된 문제점이 몇 가지 있었다. 그중 하나가 일반 전철보다 탑승과 환승 시간이 많이 소요된다는 것이었다. GTX가 각 노선이 교차하는 정거장에서 다른 노선으로 환승할 수 있다 해도 시간이 많이 걸려 비싼 요금 대비 효율이 없다는 것이다. 그런데 청량리역에 새롭게 도입되는 환승 시스템이 이 문제를 해결하는 좋은 방안이 될 것으로 보인다.

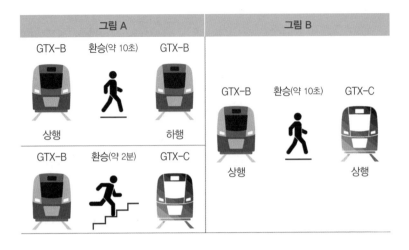

	그림 A		그림 B

그림 A: GTX-B (상행) — 환승(약 10초) — GTX-B (하행), GTX-B — 환승(약 2분) — GTX-C

그림 B: GTX-B (상행) — 환승(약 10초) — GTX-C (상행)

그림 A가 우리가 자주 이용하는 전철의 보편적인 환승 체계다. 플랫폼을 가운데에 두고 양쪽으로 열차가 운행되는 경우, 다른 노선이 아니라 같은 노선을 상하행으로 운행한다. 방향을 바꿔 탈 경우에만 환승이 편리한 구조다. 다른 노선으로 환승하려면 일단 내려서 다른 노선이 있는 층으로 이동해야 한다. 출퇴근 시간에 엄청난 사람이 몰리면 층을 이동하는 데도 많은 애를 먹었던 경험을 누구나 해보았을 것이다.

그림 B는 GTX 정차역 중에서 청량리역에 가장 먼저 도입되는 환승 시스템이다. 서로 다른 노선이 다른 층이 아니라 같은 층에, 그것도 같은 방향을 바라보고 정차하게 된다. 환승을 할 때 다른 층으로 이동하느라 힘과 시간을 허비할 필요 없이 내리자마자 바로 맞은편으로 걸어가기만 하면 된다. 맞은편 승강장에 열차가 들어와 있다면, 환승하는 데 별도의 시간이 필요하지 않을 정도로 효율이 좋아진다.

물론 이런 환승 방식이 국내 최초로 도입되는 것은 아니다. 전 노선을 통틀어 2~3군데 되는 것으로 알려져 있는데, 가장 대표적인 곳이 1호선과 4호선이 겹치는 금정역이다. 금정역에서 1호선을 이용하나, 4호선을 이용하나 여전히 서울 접근성이 좋지 않은 상황이지만, 청량리역은 서울 접근 효율이 좋은 GTX 간 환승이라는 점에서 분명 가치가 있다.

그럼 청량리역에 새로운 환승 체계가 도입되면 어느 지역이 가장 큰 수혜를 받게 될까? 당연히 GTX-C노선, 그중에서도 북쪽에 있는 의정부나 덕정역 주변이 수혜를 받게 된다. 원래 계획대로 강남까지 빠르게 접근이 가능한 것은 물론, 청량리역에서 GTX-B노선으로 환승 시간이 대폭 줄어들어 여의도 접근성 또한 획기적으로 좋아지기 때문이다. 한마디로 새로운 환승 체계 도입으로 양주신도시에서 서울 업무 중심지로의 접근성이 획기적으로 좋아지는 것이다. 물론 환승 시스템 하나 좋아진다고 해서 갑자기 양주시 집값이 폭등하지는 않겠지만, 그래도 서울이 더 가까워진다는 점에서 큰 의미가 있다고 할 수 있다.

경기 북부 일자리 창출의 중심이 될
양주역세권개발구역 및 양주테크노밸리

• 양주역세권개발 및 양주테크노밸리 토지이용계획도 •

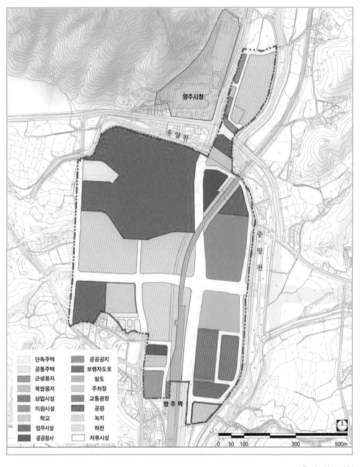

출처: 양주시청

'양주'하면 양주역세권개발구역 및 양주테크노밸리를 빼놓을 수 없다. 2017년 경기도, 경기도시공사, 양주시는 양주역세권개발구역 및 양주테크노밸리의 성공적 조성을 위해 각 기관의 업무 범위와 사업비 지분을 확정했다. 경기도는 사업 계획 총괄, 사업 인허가 처리, 국내외 기업 유치활동 등을 담당하기로 했고, 경기도시공사는 전체 사업비의 상당 부분, 부지 조성, 분양 업무 등을 담당하기로 했으며, 양주시는 전체 사업비의 일부 부담, 양주테크노밸리 기반 시설 설치 업무를 담당하기로 했다. 경기도 양주시 남방동, 마전동 일대에 약 30만㎡ 규모로 조성되는 첨단 단지로, 경기 북부 지역 일자리 창출의 중심이 될 전망이다. 주요 사업 절차가 마무리되면 2022년에 사업에 착수하고, 부지 조성 공사가 끝나는 2024년에 기업 입주가 시작될 수 있을 것으로 보인다.

양주테크노밸리의 조성은 양주시뿐 아니라, 경기 북부 전체의 인지도를 상승시켜줄 의미 있는 사업이다. 그동안 양주시를 비롯한 경기 북부가 주목받지 못한 이유 중 하나는 자족 기능을 담당할 양질의 일자리가 없었기 때문이다. 양주시는 앞으로 점점 좋아질 교통 여건과 다양한 세제 혜택으로 양주테크노밸리구역 내에 우수 기업을 빠르게 유치할 계획이다. 이 구역이 가까운 미래에 지역경제 활성화에 크게 이바지하기를 기대한다.

다만, 우수한 일자리 창출을 전면에 내세우고 개발을 시작했지만 결국 고소득 일자리를 유치하지 못하고 베드타운으로 전락한 신도시의 사례도 있기 때문에 양주테크노밸리가 향후 어떤 모습을 갖추느냐가 양주신도시를 비롯한 양주시 전체, 나아가 경기 북부의 위상을 결정하는 중요한 잣대가 될 것이다.

투자 포인트 전격 분석

♟ 양주신도시 아파트는 어떤 기준으로 접근해야 할까? 양주시를 대표하는 회천지구, 옥정지구, 양주테크노밸리가 각각 가지고 있는 개성을 고려하면 어느 정도 윤곽이 보인다. 우선 양주테크노밸리와 회천지구는 GTX-C노선을 공유하며, GTX 공사 진행으로 두 곳 모두 획기적으로 서울 접근성이 좋아진다. 그리고 옥정지구는 양주테크노밸리와 회천지구에 비해 교통 여건은 좋지 않지만, 학원가, 공원, 도서관 등 상대적으로 월등히 좋은 생활편의시설을 갖추고 있다.

♟ 자, 이제 정리해보자. 양주테크노밸리는 입지적 우위와 자족 기능, 의정부 구도심에서 넘어오는 수요까지 더해져 회천지구와 옥정지구보다 전반적으로 분양가가 비쌀 것이고, 매매 시장 전환 후에도 아파트 시세가 높을 것이다. 입지에 따라 시간이 지날수록 시세 차이가 조금씩 벌어질 것이므로, 자금이 풍부하다면 회천지구나 옥정지구보다는 양주테크노밸리 쪽을 선택하는 것이 좋다. 회천지구와 옥정지구는 전체적으로 아파트 시세가 비슷할 것으로 보이는데, 여기서부터는 선호도의 차이다. 생활 인프라는 조금 부족하지만 편리한 교통을 이용하고 싶다면 회천지구를, 교통은 불편하지만 상대적으로 좋은 생활 인프라를 이용하고 싶다면 옥정지구를 선택하면 된다.

♟ 그동안 수많은 부동산 개발 계획이 있었지만, 상대적으로 양주시가 속한 경기 북부 지역이 소외되었던 것이 사실이다. 이제 양주시도 본격적으로 개발이 진행되고 있지만, 아직은 서울과 물리적 거리가 멀다는 인식이 강하다. GTX를 비롯한 여러 교통 개발호재와 양주테크노밸리 조성 사업이 그동안 소외되었던 경기 북부 부동산 시장을 활성화시키는 데 기대 이상의 역할을 해주기를 기대한다.

10

위례신사선과 8호선 추가역으로 위상이 높아질

위례신도시

2005년 서민 주거 안정과 부동산 투기 억제를 위해 계획된 신도시로, 서울 송파구에 인접해 있다. 위례신도시 개발 지역 대부분이 그린벨트를 해제해 조성하는 것이기에 자연 경관이 뛰어나다. 창곡천과 장지천이 신도시를 가로질러 흐르고 있고, 창곡천 주변에 고구려 유적과 음악 분수, 공연장 등의 문화시설이 위치해 있다.

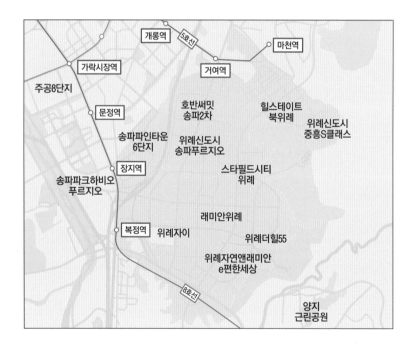

○ 현재 위례신도시는?

위례신사선을 비롯하여 계획된 교통 체계가 갖추어지지 않은 상태인데도 위례신도시 전체 아파트 가격이 꾸준히 상승하고 있다. 성남 위례와 하남 위례 아파트 가격 역시 송파 위례 아파트를 필두로 초기에 비해 상향평준화된 상태다.

○ 위례신도시의 미래 모습은?

위례신도시의 미래가치는 위례신사선이 결정한다. 위례신사선은 비록 경전철이지만, 강남으로 바로 연결되고, 서울 대부분의 주요 노선으로 쉽게 환승이 가능하기 때문에 가치가 매우 높다. 신설역 추가 요구로 계속 표류하고 있지만, 위례신사선은 착공 소식만으로도 안 그래도 높은 위례신도시의 위상을 더욱 높여줄 것이다. 개통까지 된다면 그 파급효과는 더 이상 설명이 필요하지 않다.

○ 딱 이것만 기억하자!

청약을 통해서든, 일반 매매를 통해서든 할 수만 있다면 가급적 빨리 진입하는 것이 좋다. 모든 아파트가 미래가치가 있기 때문에 아파트를 가릴 필요는 없다. 더욱이 가치가 높은 신설 철도 노선의 착공 및 준공 시점은 주변 아파트 가격을 급상승시키는 중요한 투자 포인트가 된다. 위례신사선의 착공 및 준공 시점 그리고 8호선 추가역의 준공 및 개통 시점을 중심으로 위례신도시 아파트 가격이 변동할 것이다. 적절한 매도 및 매수 시점을 잡는 기준으로 활용해도 좋다.

40%가 서울에 걸쳐 조성되는
위례신도시

위례신도시는 서울시 송파구, 경기도 성남시 수정구, 하남시 학암 동, 이렇게 3개의 행정구역을 걸쳐 개발하는 2기 신도시다. 보통 수 도권 신도시는 서울에서 충분히 떨어진 인천광역시와 같은 지역에 조성되는데, 위례신도시는 서울에 인접한 정도가 아니라 아예 전체 면적의 40%가 서울에 걸쳐 조성되는 것이 특징이자 장점이다.

아직은 교통이 불편한
위례신도시

3개의 행정구역이 하나의 공간에 있다 보니 같은 신도시이지만 아 파트를 건축할 때 각 지자체 조례로 정한 용적률이나 건폐율이 적용 되고, 택시 요금 체계나 종량제 봉투 같은 사소한 것까지 각자가 속 한 지자체의 정책에 맞게 운영되고 있는 실정이다. 이런 특수성이 반 영되어 입주 초기에는 서울에 속한 아파트와 경기도에 속한 아파트 의 시세 차이가 뚜렷했다. 하지만 지금은 격차가 크게 느껴지지 않을 만큼 상향평준화된 상태다.

위례신도시의 교통은 아직은 불편한 상태다. 물리적 위치상 도시 경계에 있는 8호선 장지역이나 문정역으로 접근하려면 시내버스를 이용해 시내 대부분의 아파트를 돌아야 한다. 특히 출근 시간에는 위례신도시를 벗어나는 데만 해도 상당한 시간이 소요된다.

필자가 2019년 초에 임장을 갔을 때, 출퇴근 시간이 아니었음에도 시내버스를 이용해 스타필드시티 위례에서 장지역까지 이동하는데 15분 정도가 소요되었다. 하지만 위례신도시는 신도시답게 깔끔한 신축 아파트와 편리한 생활 인프라가 갖추어져 있고, 교통 여건을 획기적으로 개선시켜줄 교통 개발호재가 있기 때문에 현재는 물론, 미래가치도 매우 높다고 볼 수 있다.

위례신도시의 격을 높여줄 위례신사선과 8호선 추가역

위례신도시의 대표적인 교통 개발호재라고 하면, 단연 위례신사선과 복정역, 산성역 사이에 신설되는 8호선 추가역을 들 수 있다. 위례신사선은 노선은 짧지만 환승 없이 강남 접근이 가능하고, 서울지하철의 핵심이라 할 수 있는 2호선, 9호선, 3호선으로 환승이 가능하기 때문에 노선의 가치가 매우 높다. 8호선 추가역 역시 예정대로 잘 진행되고 있기 때문에 위례신사선의 착공 시기와 8호선의 개통 시기가 가까워 올수록 역세권 아파트를 필두로 추가 상승 여력이 충분하다.

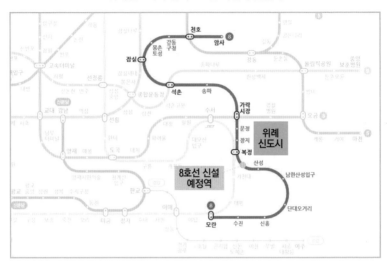

출처: 네이버지도

위례신도시는 위례신사선을 빼놓고는 완벽한 설명이 되지 않는다. 위례신사선은 위례신도시에서 서울 강남구를 우회 없이 잇는 노선으로, 위례신도시는 물론 송파구, 강남구에 걸쳐 발생하는 출퇴근 시간 교통 혼잡을 분산시키고, 부수적으로 주변 도시의 교통 여건을 개선하기 위한 목적으로 계획되었다. 종점은 용산역이 될 예정이었으나, 2008년 글로벌 금융위기 영향으로 용산국제업무지구 조성 계획이 전면 백지화되면서 신사역에서 용산역 구간은 제외하고, 신사역까지 연결해 중간에 몇 개 역을 추가하는 방향으로 꾸준히 논의 중이다.

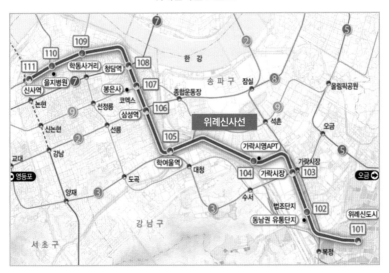

출처: 서울시청

위례신사선은 경전철이다. '경전철' 하면 실패 사례만 떠오른다. 매년 막대한 적자를 내는 용인경전철과 의정부경전철이 대표적인 실패 사례라 할 수 있다. 용인경전철과 의정부경전철이 개통 후에도 주변 아파트 가치 상승에 전혀 기여하지 못하고 애물단지로 전락한 이유는 무엇일까? 노선 자체가 서울 접근성을 개선시키지 못했고, 각 노선이 연결되는 본선인 분당선 기흥역과 1호선 의정부역에서도 지역 주민들이 서울로 이동하는 데 별다른 효율성을 제공하지 못했기 때문이다. 그저 동네 교통 여건 개선 용도로만 활용되는 수준이나 이마저도 불편한 환승 체계와 비교적 높은 운임 때문에 지역민조차 외면하고 있는 상황이다.

하지만 경전철이라 해서 일반 전철보다 무조건 가치가 낮다고 보는 것은 잘못된 생각이다. 위례신사선은 위례신도시에서 가장 빠른 경로로 노선을 계획해 강남 접근성을 획기적으로 높이는 효과가 있으며, 위례신사선에 계획된 대부분의 정차역은 서울의 핵심 노선으로 환승이 가능하도록 설계해 노선의 효율을 극대화하고 있다. 비록 경전철이지만, 웬만한 서울 핵심 노선보다 가치가 높다고 볼 수 있다.

그렇다면 이렇게 중요한 노선을 도대체 언제 착공해 위례신도시의 위상을 완성할 수 있을까? 원래는 2022년에 착공해 늦어도 2027년에 개통할 계획이었는데, 앞서 잠시 언급했듯 중간에 몇 개 역을 추가하는 방향으로 논의가 진행 중이다. 당초 계획에 없던 추가 공사가 진행되면 아무래도 개통 시기가 늦어질 수도 있다.

현재까지 확정된 사항을 보면, 청담사거리역과 삼전역이 기존 노선에 추가될 것으로 보인다. 신설역을 추가하면 전체 사업비가 늘어나고, 노선의 효율이 어느 정도 줄어들 가능성이 있다. 더욱이 사업을 주관하는 사업자는 기존 노선을 보고 사업에 입찰했기 때문에 경우에 따라서는 변경 내용에 대한 내부 협의를 처음부터 다시 해야 할수도 있다.

그러나 위례공통현안 비상대책위원회와 서울시의 간담회 자료를 보면, '협상 및 실시 협약 체결 과정과 분리하여 추가 역사 검토 추진'이라는 문구로 추가 역사는 사업자의 내부 협의와는 별개로 검토한다는 뜻을 명확하게 제시하고 있다. 즉 위례신사선의 착공 및 개통 일정에 큰 영향을 줄 수 있었던 변수는 일단 제거되었다고 봐도 무방하다. 위례신도시 입성을 계획하고 있는 투자자나 실수요자 모두에게 자금 획보 계획 및 매수 타이밍을 잡는 중요한 기준이 되리라 본다.

위례신사선의 존재, 악재가 될 수도 있다?

현재 위례신도시에 가보면, 1층 상가가 공실인 곳을 심심찮게 볼 수 있다. 많은 사람이 위례신도시에 속한 3개 지자체 간 입장이 달라 아무래도 통일된 방향의 도시 발전을 이끌기 쉽지 않다는 점, 위례신사선을 포함한 교통 대책이 완벽하게 마무리되지 않았다는 점 등을 이유로 드는데, 사실 가장 중요한 이유는 따로 있다. 위례신도시에는 양질의 일자리가 없다. 그로 인해 대부분의 경제활동 인구가 평일에는 도시 외부로 나가 활동하고, 정작 위례신도시 내에는 상권을 활성화시켜줄 유동인구가 없다. 즉 평일에도 꾸준히 사람들이 오가며 밥도 먹고, 차도 마시고 해야 하는데, 그게 안 된다는 뜻이다.

이는 위례신도시만의 문제가 아니다. 도시 자체적으로 풍부한 일자리를 갖추지 못한 신도시들이 공통적으로 겪고 있는 문제다. 업종에 따라 약간의 차이는 있지만, 위례신도시는 대규모 일자리가 들어설 가능성이 없는 현실을 감안하면 상권이 활성화될 확률이 지극히 적다.

그렇다면 위례신사선이 개통되면 상권 활성화에 도움이 될까? 누군가가 위례신사선이 개통되면 외부 인구 유입이 쉬워져 상권이 활성화될 가능성이 크다고 전망한 글을 본 적이 있다. 자, 곰곰이 생각해보자. 많은 유동인구가 모일 만한 일자리가 없는데 위례신사선 하나 생긴다고 평일에 외부에서 인구가 유입될까? 경제활동 인구는 평일에는 무조건 자신의 직장에서 일을 해야 한다. 즉 교통 여건이 개선된다 해도 일과 시간에는 많은 경제활동 인구가 외부에 머문다는 뜻이다.

위례신사선이 개통되면, 그나마 주말에 주변 상권을 이용하던 위례 주민들이 더 좋은 상권이 있는 다른 도시로 이동할 가능성이 크다. 따라서 상권 입장에서는 위례신사선의 존재가 오히려 악재가 될 수도 있다. 어떤가. 이런 생각이 더 타당하게 느껴지지 않는가? 위례신사선 개발은 아파트에는 분명한 호재이나 상권에는 그다지 좋을 것이 없다.

시간이 흐를수록 가치가 높아질 위례신도시

위례신도시의 전망을 더욱 밝게 하는 것은 바로 인접한 도시들이다. 신도시는 인접한 도시의 시세와 키 맞추기를 하는 특징이 있는데, 현재 남위례 30평대 아파트의 평균 매매가는 13억 원 수준이고, 전세가는 매매가의 50%를 약간 밑도는 수준이다(2021년 1월 기준). 준공연도가 비슷한 신축 아파트를 기준으로 비교해보면, 위례신도시의 신축 아파트 가격은 바로 인접한 송파구나 강남구는 물론이고, 성동구보다 낮은 수준이다. 하지만 시간이 지날수록 교통 여건이 개선되면 이들 지역의 신축 아파트들과 충분히 키 맞추기를 할 수 있을 것이라 생각한다.

간혹 위례신도시의 상당 부분이 경기도에 속해 있기 때문에 아파트 가격 상승이 한계가 있을 것이라는 의견도 있다. 하지만 무조건 그렇게 보기에는 무리가 있다. 경기도라 하더라도 과천시나 광명시의 사례를 통해 알 수 있듯 입지가 좋고 대규모 개발이 이루어지는 곳은 이미 서울의 웬만한 지역보다 아파트 가격이 비싸다. 만약 위례신도시 아파트 가격 상승이 한계가 있을 것이라는 주장이 옳다면, 현재 서울의 각 구별 평균 아파트 가격보다 위례신도시의 평균 아파트 가격이 낮아야 하는데 실상은 그렇지 않다.

자족 기능은 없지만 미래가치는 높은 곳!

그렇다면 위례신도시 아파트는 어떤 기준을 두고 접근해야 할까? 결론부터 말하면, 위례신도시 아파트는 지금도 만만치 않은 가격 탓에 매수할 여건이 되느냐 되지 않느냐가 문제이지, 미래가치를 본다면 어느 아파트를 선택해도 좋다.

보통 신도시 아파트의 미래가치를 판단할 때는 서울 접근성과 자족 기능을 보는데, 위례신도시는 자족 기능은 고려하지 않아도 된다. 도시 내에 자족 기능을 담당할 양질의 일자리는 없지만 강남 접근성이 훌륭하기 때문에 교통 여건만 고려해도 무리가 없다. 현재 위례신도시는 남위례와 북위례가 시간차를 두고 개발 중이다. 각각 나름의 장점이 있으니 잘 파악해 개인 사정에 맞게 접근하면 된다.

• 남위례 주변 환경 위성사진 •

출처: 카카오맵

• 북위례 주변 환경 위성사진 •

출처: 카카오맵

남위례는 기존 아파트 매수, 북위례는 청약을 노려보자

남위례의 장점은 무엇보다 대부분의 교통 호재가 몰려 있다는 것이다. 위례신사선과 8호선 추가역으로 인해 서울 접근성이 더욱 개선될 예정이고, 이미 생활 인프라가 갖추어져 있는 것이 강점이다. 반면 북위례의 장점은 남위례보다 신축 아파트가 많이 들어선다는 점, 현재 남위례에 형성된 아파트 가격의 절반 정도 수준으로 분양을 한다는 점이다.

만약 주택을 2채 이상 소유하고 있거나, 청약 가점이 낮다면 남위례의 기존 아파트를 매수해 교통 개발이 진행될수록 변화할 시세 차익을 노리는 것이 좋고, 무주택자로서 청약 가점이 높다면 북위례에서 분양 중인 아파트에 청약을 넣어 분양 후에 형성될 수억 원의 프리미엄을 노리는 것이 좋다.

만약 1주택자라면 주택 처분 조건을 걸고 대형 평수에 추첨제로 꾸준히 청약을 넣어보는 것을 추천한다. 현재 내 집이 있으니 당첨에 대한 부담이 적을 것이기 때문에, 가벼운 마음으로 도전해보기 바란다.

설령 저층이나 탑층이 당첨된다 해도 실망할 필요 없다. 향후 프리미엄의 차이만 있을 뿐, 수익 실현은 확실하다. 또한 요즘은 필요에 따라 저층과 탑층을 찾는 수요도 많기 때문에 위례신도시 정도의 입지라면 무난하게 거래가 될 것이다. 북위례를 염두에 두고 있다면 청약 당첨에 주력하는 것이 좋다.

다만, 위례신도시 역시 민간분양이 많고, 민간분양은 가점제로 당첨자를 선정하는 비율이 높기 때문에 무주택자라 하더라도 청약 가점이 낮다면, 확률이 낮은 청약에 계속 도전하기보다는 남위례의 기존 아파트나 다른 지역의 입지 좋은 구축 아파트를 매수하는 것이 좋다. 참고로 전국의 청약 일정은 청약홈(www.applyhome.co.kr)에서 수시로 확인할 수 있다.

투자 포인트 전격 분석

📍 위례신도시의 가장 큰 호재는 두말할 필요 없이 위례신사선과 8호선 추가역이다. 가치가 높은 신설 철도 노선의 착공 및 준공 시점은 주변 아파트 가격을 급상승시키는 중요한 투자 포인트가 된다. 이런 관점에서 위례신사선의 착공 및 준공 시점, 8호선 추가역의 준공 및 개통 시점을 중심으로 위례신도시 아파트 가격이 변동할 것으로 보인다. 그리고 인접한 도시에서 많은 수요가 대기 중이기 때문에 위례신도시의 좋은 분위기를 더욱 견인하는 효과가 있을 것이라 전망한다.

📍 위례신도시에 공급된 아파트는 대부분 중대형 평형이고, 전체 면적의 상당 부분이 송파구에 속해 있어 가격이 만만치 않다. 아직 완성된 도시가 아니기 때문에 현재 서울로 접근하는 교통이 매우 불편한 상황이지만, 미래는 매우 밝다. 현재 위례신도시 아파트 가격은 교통이 불편한 상황에서 형성된 것이고, 여전히 변화하는 중이라는 점이 핵심이다. 현재 위례신도시의 아파트 가격이 비싸다고 생각하는가? 판단은 여러분에게 맡기겠다.

100만 인구가 사는 대도시가 될
남양주시

2019년에 처음으로 인구 70만 명을 돌파해 경기도 북부에 위치한 고양시 다음으로 인구가 많다. 다산, 별내, 덕소, 금곡, 평내호평, 마석, 진접 등 하나의 큰 도심이 아닌 비슷비슷한 규모의 택지개발지구가 남양주시 곳곳에 분포해 있다. 서울과 물리적 거리가 가깝지만 미개발지가 많은 편이다.

○ 현재 남양주시는?

상당 부분이 개발제한구역이기 때문에 택지개발지구와 구도심 사이에 필연적으로 개발되지 않은 빈 공간이 생기고, 자연스럽게 입지 차이가 발생했다. 쾌적한 생활 환경과 비교적 좋은 교통 여건, 신축 아파트가 있는 택지지구와 상대적으로 그렇지 못한 남양주시 내 다른 지역 간의 아파트 가격차가 발생한 상태다.

○ 남양주시의 미래 모습은?

남양주시의 미래가치는 8호선 연장 별내선 개통과 GTX-B노선 착공이 결정할 것이다. 특히 GTX-B노선은 왕숙신도시 입주 시기에 맞춰 개통되는 것이 무엇보다 중요하다. 현재 속도대로라면 무리 없이 개통될 전망이지만, 자칫 공사가 지연될 경우 입주 시기에 비해 교통망 구축이 늦어 큰 불편을 겪은 몇몇 2기 신도시의 전철을 밟게 될 것이다.

○ 딱 이것만 기억하자!

앞으로 남양주시 전체 아파트 시장의 판도를 결정할 기준은 바로 왕숙신도시다. 왕숙신도시를 중심으로 입지적 우위에 있는 지역과 열세에 있는 지역을 명확하게 구분할 수 있어야 한다. 만약 왕숙신도시보다 입지적 열세인 지역에 주택을 소유하고 있다면, 왕숙신도시 아파트 공급 시기에 맞춰 적극적으로 매도 계획을 세울 필요가 있다.

인구 100만 대도시로 성장할 남양주시

남양주시는 양주시에 속해 있다가 1980년에 분리된 도시다. 활발한 신도시 개발과 크고 작은 택지 개발로 인해 인구가 늘어나고 있는데, 남쪽으로는 하남시, 서쪽으로는 구리시와 접해 있어 남양주시에서 서울로 진입하려면 다른 행정구역을 통해야 하는 불편함이 있다. 서울로 편리하게 진입하기 위해서는 도로 확보가 필요한 상황이지만, 여러 가지 사정상 지자체 간 협의가 원활하게 이루어지지 못해 교통 체증이 심한 편이다.

남양주시의 현재 인구는 약 71만 명이다. 3기 신도시로 예정된 왕숙신도시가 입주 완료하면 남양주시도 100만 명의 인구가 사는 대도시가 될 가능성이 크다.

넓은 개발제한구역, 지역 내 아파트 가격차 발생

남양주시의 면적은 경기도의 5%를 차지할 정도로 넓은 편이지만, 이 중 상당 부분이 개발제한구역으로 묶여 있어 실제로 남양주시 전역을 자동차를 타고 달려보면, 쾌적한 자연환경이 오랫동안 눈앞에 펼쳐진다. 남양주시는 서울과의 물리적 거리가 가깝고, 넓은 개발제한구역이 있다 보니, 정부가 서울 집값 안정화 방안으로 신도시 후보지를 선정할 때 늘 빠지지 않고 주요 도시로 지목되었다.

그 결과 다산신도시가 조성되었고, 3기 신도시인 왕숙신도시가 계획 중이다. 두 신도시에 이미 공급되었거나 공급 예정인 주택은 10만 가구에 달한다. 앞서 언급했듯 남양주시는 면적이 넓고, 상당 부분이 개발제한구역이다. 따라서 많은 양의 주택이 공급되어도 두 신도시와 남양주시 내 기타 택지개발지구 및 구도심 사이에는 필연적으로 개발되지 않은 빈 공간이 생기고, 자연스럽게 입지 차이가 발생한다. 즉 쾌적한 생활 환경과 비교적 좋은 교통 여건, 신축 아파트가 있는 신도시와 상대적으로 그렇지 못한 남양주시 내 다른 지역과의 상관관계를 이해하면, 남양주시에서 어떤 아파트를 사야 할지 가닥이 잡힌다.

남양주시를 대표하는 다산신도시

먼저 남양주시를 대표하는 두 신도시에 대해 자세히 살펴보자. 다산신도시는 남양주시 진건읍, 도농동, 지금동 일원에 조성된 신도시로, 전체 면적 약 475만㎡, 그러니까 약 144만 평 규모에 3만 2천여 가구가 공급되었고, 크게 진건지구와 지금지구로 구분된다.

다산신도시의 많은 아파트가 차 없는 아파트로 시공되어 아파트 단지에서 공원 같은 쾌적함을 느낄 수 있는 것이 특징이다. 현재 8호선 연장 별내선의 다산역이 진건지구의 상업 중심지에 생길 예정이

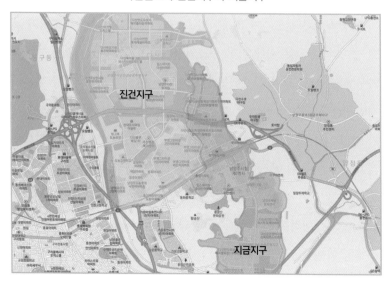

라 그 일대 아파트는 서울 접근성이 획기적으로 좋아질 것이다. 사실상 경기 동부에서 가장 입지가 좋은 지역이라 해도 과언이 아니다.

다산신도시는 애초에 계획할 때부터 상업지구에 비중을 두었는데, 다산역 주변 상업지구에는 주요 프랜차이즈 매장이 대거 입점해 있고, 학교 주변은 학원가, 아파트 단지 주변은 병원 및 식당 위주로 상권이 형성되고 있다.

반면 지금지구에는 기존 경의중앙선 도농역 외에는 별도의 서울진입 노선이 없기 때문에 교통 여건은 진건지구보다 좋지 않고, 두 지구의 아파트 가격차도 있는 상태다. 8호선 연장 별내선 개통이 가까워 올수록 아파트 가격차는 더욱 심화될 것이고, 진건지구 내에서도 다산역 역세권 아파트와 비역세권 아파트의 가격차가 발생할 것이다.

지금지구는 9호선 연장이 확정된 상황이지만, 아직 구체적인 계획은 없기 때문에 파급효과를 속단하기는 이르다. 9호선 연장 가능성에 대해서는 뒤에서 구체적으로 설명하도록 하겠다.

다산신도시는 자체 일자리가 없어 무엇보다 서울 접근성이 중요하다. 8호선의 존재는 다산 진건지구를 강남 30분 생활권으로 만들어주기 때문에 가치가 크다.

3기 신도시 중 규모가 가장 큰
왕숙신도시

• 왕숙1지구(왼쪽)와 왕숙2지구(오른쪽)의 신설 교통망 •

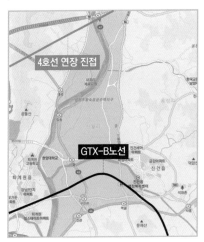

출처: 카카오맵

왕숙신도시는 서울 및 주요 수도권 주택 시장 안정화를 위해 현 정부가 계획한 대규모 택지지구로, 총 5곳의 3기 신도시 중 하나다. 전체 면적 약 1,134만㎡, 그러니까 약 343만 평 규모에 총 6만 6천 세대가 공급되니 3기 신도시 중에서 규모가 가장 크다.

왕숙1지구에는 위쪽으로는 4호선 연장 진접선이, 아래쪽으로는 GTX-B노선이 지나가도록 계획되어 있고, 왕숙2지구에는 기존 경의중앙선이 지나가기 때문에 왕숙신도시 개발 진행 상황에 맞춰 도농역과 양정역 사이에 새 역이 신설될 예정이다.

특히 왕숙1지구는 왕숙1지구를 조성한다는 조건하에 GTX-B노선이 사업성을 인정받아 예비타당성 조사 통과를 이루어낸 만큼, 예비타당성 조사 통과 후 1년 정도가 소요되는 GTX-B노선의 기본 계획 수립이 완료되는 대로 신도시 개발도 본격적으로 착수될 것으로 보인다.

더욱이 3기 신도시 조성은 현 정부의 주력 사업이기도 하고, 지난 21대 총선에서 3기 신도시를 계획대로 추진하겠다고 공약한 여당 후보가 압승을 거두면서 지자체 간 협력이 무엇보다 중요한 광역철도 사업이 큰 잡음 없이 진행될 것으로 보인다. 그로 인해 왕숙신도시의 본격적인 개발과 함께 교통망 또한 빠르게 확충될 전망이다.

다만, 정부가 2019년 12월 16일에 발표한 주택 시장 안정화 방안의 후속 조치로 인해 2020년 4월 17일부로 서울과 수도권 투기과열지구, 66만㎡ 이상의 대규모 택지개발지구에서 분양하는 아파트의 청약 1순위 자격을 얻으려면 해당 지역에서 2년 이상 거주해야 한다.

왕숙신도시를 비롯한 각 3기 신도시의 시범 단지 분양 시기가

2021~2022년에 계획이 잡혀 있고, 해당 정권에서 계획한 신도시의 시범 단지는 정권 임기 내에 분양한 전례를 보더라도 계획대로 분양될 가능성이 매우 크다. 후발 주자들도 순차적으로 분양 행진을 이어갈 것이기 때문에 왕숙신도시에 청약을 목표하고 있다면, 이주 계획을 서두를 필요가 있다. 그래야 조금이라도 더 좋은 입지에, 조금이라도 더 저렴한 분양가로 입주할 수 있다.

9호선 연장, 어떤 형태가 될까?

9호선은 현재 4단계까지 예비타당성 조사를 통과한 상태이고, 구간 종점인 고덕강일1지구에서 하남 미사를 거쳐 남양주시 왕숙신도시까지 노선을 확장하는 사업이 계획 중이다. 9호선은 서울 주요 노선인 만큼, 실제 왕숙신도시까지 연장된다면 파급효과는 상당할 것이라 예상한다. 그렇다면 9호선 연장이 확정되어 왕숙신도시까지 연장된다면 과연 어떤 형태가 될까?

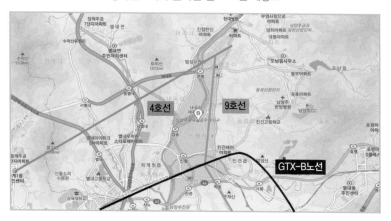

출처: 카카오맵

　일단 공사 막바지에 있는 4호선 연장선과 사업이 확정된 GTX-B 노선은 모두 왕숙1지구를 가로로 지나간다. 그런데 왕숙1지구의 형태를 보면 전반적인 형태가 가로 폭은 좁은 반면, 세로 폭은 상당히 길다. 즉 가로로 횡단하는 기존 확정 노선은 왕숙1지구와 외부를 이어주는 데는 효율적이지만, 정작 왕숙1지구 내에서 남북으로 이동하는 데는 전혀 도움을 주지 못한다. 2020년 9월에 왕숙1지구 예정지를 방문해보니 86번 국도를 타고 왕숙1지구 초입부인 사릉역에서 왕숙1지구 최북단까지 원활한 교통 흐름일 때, 자동차로 20분가량 소요될 정도로 거리가 상당했다. 그리고 9호선은 강남에서 하남 미사를 거쳐 남에서 북으로 올라오는 노선이다. 만약 9호선이 왕숙1지구 내부로 연장된다면, 초입부에서 진접 방향으로 세로로 들어갈 것으로 추측한다.

9호선 연장 실현
가능성은?

9호선은 강일1지구까지 4단계 예비타당성 조사를 통과한 상태이고, 하남 미사까지 5단계 사업이 확정되면, 그 후에 정확한 노선이 확정된다. 아직 정해진 건 없지만, 신설 철도 노선이 사업 타당성을 이끌어내기 위해서는 많은 인구가 거주하는 도심을 경유하는 것이 맞고, 큰 이변이 없는 한 다산신도시와 왕숙2지구를 거쳐 왕숙1지구까지 연결될 것으로 보인다. 즉 9호선 연장은 단순히 왕숙신도시의 가치만을 높이는 것이 아니라 다산신도시를 포함한 동북부 전체가 활성화되는 파급효과를 기대할 수 있다.

그런데 신도시 조성 전체 일정을 결정하는 가장 중요한 요소, 바로 토지 보상 문제가 아직 남아 있다. 토지 보상은 각 개인이 소유하고 있던 신도시 예정지 땅을 공적 주체가 매입하여 지구단위계획에 맞게 재분양하기 위해 거치는 절차다. 문제는 그 많은 땅을 모두 매입하려면 당연히 땅 주인들과 협상 과정을 거쳐야 하고, 경우에 따라서는 협상 과정이 길어져 신도시 조성 전체 일정이 미뤄지는 등 큰 지장을 줄 수 있다는 것이다. 왕숙신도시처럼 면적이 크다면 협상 기간이 더욱 길어질 가능성이 크다.

그런데 토지 보상도 마무리되지 않았는데, 대형 교통 개발호재 소식이 들린다면? 내가 가지고 있는 땅 부근에 좋은 전철 노선이 생긴다고 하면 당연히 땅값이 오를 것이라 기대하지 않을까? 비록 현재 왕숙신도시까지 9호선을 연결하겠다는 계획만 확정된 상태이지만,

9호선 같은 핵심 노선은 소문만으로도 부동산 가격을 움직이는 힘이 있다. 모르긴 몰라도 토지 보상 이전에 나온 9호선 연장 소식은 왕숙 신도시 토지 수용 기간을 늘렸으면 늘렸지 결코 앞당기지는 못할 것이다.

결국 신도시의 토대가 되는 토지 매입을 완료해 지구단위계획에 맞게 각 블록에 건물을 지을 사업 주체에게 인계해야 그때부터 건물이 하나씩 올라오기 시작한다. 그런데 토지 매입이 늦어지면 신도시 조성에 필요한 모든 사업이 정지된 상태로 있어야 한다. 만약 왕숙신도시의 토지 보상 절차가 마무리된 후에 9호선 연장 소식이 나왔다면, 현 정부가 광역교통망 구축을 중요하게 생각하는 만큼 사업 진행속도도 빠르고, 교통 인프라 구축도 빨랐을 것이다. 2021년 1월 3기 신도시 교통 대책으로 발표된 창릉신도시 GTX-A 창릉역 신설과 같은 맥락으로 보면 오산이다. 창릉신도시는 이미 공사 중인 노선에 역 하나만 추가하는 형태이지만, 왕숙신도시는 9호선 연장 노선 전체를 새로 설치하는 작업이다. 시기가 아쉽다.

쏟아지는 공급 물량, 주변에 미칠 영향은?

그렇다면 왕숙신도시에 계획된 공급 물량이 본격적으로 쏟아지면, 주변 지역에 어떤 영향을 미칠까? 많은 사람이 공급 물량이 많으면 주변 아파트 가격은 일시적 조정을 받거나 하락할 것이라고 생각한다. 하지만 이는 일차원적인 생각이다. 왕숙신도시가 본격적으로 공급을 시작하더라도 서울 중심지로의 접근성이 좋아 서울을 비롯한 주변 지역에서 꾸준한 수요가 확보된 곳, 즉 왕숙신도시보다 상위 입지에 속하는 지역이라면 가격 방어를 넘어 완만한 상승을 기대해볼 수 있다.

아파트 가격 방어를 위해서는 몇 가지 조건이 갖추어져야 한다. 우선 서울 중심지로의 접근성이 뛰어나야 하고, 서울 중심지로의 접근성이 확보된다는 가정하에 신설 역세권 범위에 들어오는 500세대 이상 단지여야 한다는 것이다. 그래야 주변 개발호재의 영향을 직접적으로 받을 수 있고, 외부에서 유입되는 수요를 끌어와 꾸준한 거래량을 유지할 수 있다.

왕숙신도시를 기준으로
입지적 우열을 판단하자

앞서 제시한 조건을 기준으로 왕숙신도시 주변 지역 중에서 왕숙신도시보다 상위 입지에 해당하는 지역을 찾아보자.

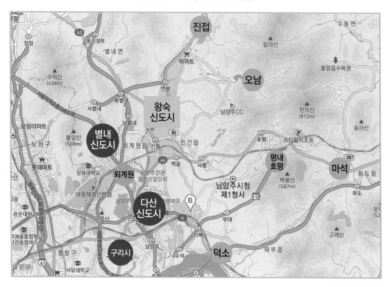

출처: 카카오맵

　지도를 살펴보자. 남색으로 표시된 다산신도시와 별내신도시 그리
고 인접 도시인 구리시는 왕숙신도시보다 상위 입지에 해당하는 지
역이라 할 수 있다. 2022년 말에서 2023년 초에 개통을 앞두고 있는
8호선 연장선의 수혜를 직접적으로 받아 1시간 이상 걸리던 서울 중
심지로의 접근 시간이 20~30분대로 단축되어 왕숙신도시보다 빠르
고 편리하게 이동이 가능하고, 이미 충분한 생활 인프라가 갖추어져
있기 때문이다.

　단, 다산신도시와 별내신도시, 구리시의 모든 아파트가 왕숙신도
시보다 상위 입지에 해당한다고 생각하면 조금 위험하다. 반드시 신
설 역세권 범위에 들어오는 500세대 이상 단지여야 왕숙신도시에서

쏟아지는 어마어마한 공급 물량에 맞서 가격 방어가 가능하다. 반면 왕숙신도시보다 서울 접근성이 떨어지는 진접, 오남, 퇴계원, 평내호평, 덕소, 마석 등은 왕숙신도시 공급과 함께 상당한 수요를 뺏기게 될 것이고, 수요 감소는 거래량을 감소시켜 결국 상당 기간 가격 조정으로 이어질 가능성이 매우 크다.

다만, 한 가지 변수가 있다. 그것은 바로 왕숙신도시에 공급될 아파트의 분양가가 얼마나 되느냐다. 물론 아파트마다 조금씩 차이가 있지만, 앞서 언급한 입지적 열세 지역 중 일부 지역은 평균 평당 매매가가 1천만 원을 넘지 않을 정도로 저렴하다(2020년 말 기준). 즉 왕숙신도시 최초 분양가가 예상보다 비싸다면 가성비를 선택한 수요가 이들 지역에 그대로 머물 가능성도 있다. 그러나 조금이라도 수익성을 고려한다면 입지적 열세인 지역은 왕숙신도시의 시범 단지 분양이 끝나고 본격적으로 입주가 시작될 것으로 예상되는 2025년 이전까지 적극적으로 매도 계획을 세우는 것이 좋다. 내 소중한 재산가치가 하락하는데 기분 좋을 사람은 없다.

서울과 거리만 가까우면 그만? 부동산 입지 분석은 결코 간단하지 않다

필자가 유튜브 채널에서 왕숙신도시로 인해 부정적인 영향을 받을 지역에 대해 설명하면, 퇴계원이나 덕소 등 왕숙1지구보다 서울과 물리적 거리가 가까운 지역은 별다른 영향을 받지 않을 것이라고 반박하는 사람들이 있다. 필자가 강조하고 싶은 것은 부동산 입지 분석은 결코 간단하지 않다는 사실이다.

지도상 거리가 서울과 가깝다고 해서 입지적으로 우위에 있다는 논리가 맞다면, 구리시 구도심 평균 집값은 다산신도시보다, 성남시 구도심 평균 집값은 판교신도시보다 비싸야 한다. 또한 의왕시와 군포시의 평균 집값 역시 수원시보다 비싸야 하고, 수원시 내에서도 서울과 더 가까운 율전동이나 천천동의 평균 집값이 매교동이나 망포동보다 비싸야 한다. 그런데 실상은 그렇지 않다. 이 상황은 어떻게 설명할 것인가?

부동산 입지적 우열은 단순 거리로만 따지는 것이 아니다. 비록 물리적 거리는 멀더라도 어떤 철도 노선이 지나가고 있는지, 현재 개통이 되지 않은 상황이라면 어떤 노선이 연결될 예정인지, 개발 규모에 따라 생활 인프라가 획기적으로 좋아질 여지가 있는지 등을 종합적으로 고려해야 한다. 날이 갈수록 미래가치가 있는 지역과 그렇지 않은 지역은 격차가 더 벌어질 것이므로, 종합적인 이해가 필요하다는 것을 명심해야 한다.

투자 포인트 전격 분석

♟ 향후 남양주시는 다산신도시가 중심을 잡을 것이고, 전체 아파트 시장의 판도를 결정하는 기준은 왕숙신도시가 될 것이다. 왕숙신도시를 중심으로 입지적 우위에 있는 지역과 열세에 있는 지역을 명확하게 구분하는 것이 무엇보다 중요하다. 만약 왕숙신도시보다 입지적 열세인 지역에 주택을 소유하고 있다면, 왕숙신도시 아파트 공급 시기에 맞춰 적극적으로 매도 계획을 세울 필요가 있다.

♟ 광역철도 개발을 위한 지자체 간 협력이 더욱 원활해질 가능성이 커졌고, 국가철도망구축계획에도 신설 철도 사업이 중요하게 다루어지고 있는 만큼, 사업 진행 속도가 빨라질 것이다. 다시 강조하지만 부동산은 변화하는 과정에서 가장 많은 가치가 상승하고, 여러 번의 매수 및 매도 타이밍이 온다. 자신만의 확고한 기준을 세워둔다면, 남양주시는 적잖은 기회가 있을 도시다.

오랜 전통의 도시, 중심이 이동하고 있는

수원시

경기도청 소재지이자 일반 시 중에서 가장 많은 인구가 살고 있다. '수원' 하면 가장 먼저 떠오르는 것이 교통일 정도로 교통이 잘 발달되어 있다. 성남시, 부천시, 고양시 등 서울의 위성도시로 개발된 곳들과 달리 자립도시 형태를 띠고 있으며, 행정·경제의 중심지를 담당하고 있다. 도시 내 자족 기능이 활발해 여타 수도권 베드타운의 형태와는 거리가 먼 도시다.

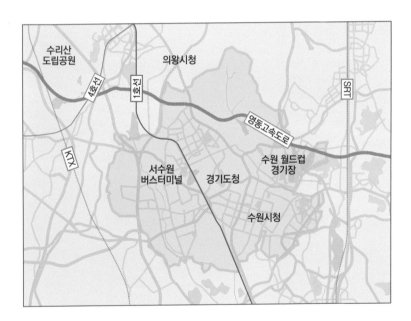

🔍 현재 수원시는?

'수원' 하면 단연 교통이다. 이미 오래전부터 서울지하철 1호선과 분당선이 운행되고 있고, 수원역을 중심으로 수많은 버스 노선이 서울과 경기도 주요 지역을 연결하고 있다. 더욱이 GTX-C노선과 얼마 전 예비타당성 조사를 통과한 신분당선 연장 노선까지 더해졌다. 경기도에서 수원시만큼 풍부한 교통 개발호재가 있는 지역은 찾아보기 힘들다.

🔍 수원시의 미래 모습은?

서북쪽에 집중되어 있는 광역고속철도 개발 계획과 대규모 정비 사업이 진행될수록, 수원시의 중심이 동남쪽에서 서북쪽으로 이동하게 될 것이다. 신분당선과 GTX-C노선 정차역 주변으로 수원시의 새로운 명품 주거 라인이 형성될 것이고, 향후 수원시의 아파트 가격을 주도하게 될 것이다.

🔍 딱 이것만 기억하자!

미래가치를 중시한다면, 전매 제한이 풀릴 때 매교동과 화서동 신축 아파트 분양권을 매수하는 것이 좋다. 신축 아파트를 매수할 자금 여력이 안 된다면, 수원역 역세권 아파트 중에서 대단지 구축 아파트를 선택하는 것도 차선책으로 나쁘지 않다. 장기간 편리하고 안정적인 생활을 중시하는 경우라면, 교육 여건이 좋은 영통동과 망포동 소재 아파트가 여전히 매력적이다.

교통의 중심,
자족 기능을 갖춘 대도시

수원시에는 현재 120만 명에 가까운 인구가 살고 있다. 수도권 대부분의 도시가 자족 기능 없이 서울의 위성도시화가 된 것을 감안하면, 수원시는 다른 도시와 차별성 있는 경쟁력을 갖춘 몇 안 되는 대표적인 도시라 할 수 있다. 자족 기능의 큰 부분을 담당하고 있는 대기업이 수원시를 떠나지 않는 이상, 그 위상은 계속 이어질 것으로 보인다.

그러나 무엇보다 수원시의 강점은 교통이다. 오래전부터 서울지하철 1호선과 분당선이 개통되어 운행되고 있고, 수원역을 중심으로 수많은 버스 노선이 서울과 경기도 주요 지역을 연결하고 있다. 거기에 서울 접근 시간을 두 배 이상 빠르게 만들어줄 GTX-C노선과 얼마 전 예비타당성 조사를 통과한 신분당선 호매실 연장 노선까지 더해진 상태이기 때문에 이제 수원시를 설명할 때 교통을 빼놓을 수 없게 되었다.

수원시는 시간이 흐를수록 상황이 점점 좋아질 것이다. 그런데 이렇게 좋은 분위기에도 불구하고 수원시 내에는 굉장한 호황을 누리며 새로운 중심이 될 지역이 있고, 과거에 비해 상대적으로 주목을 덜 받게 될 지역이 있다.

광역고속철도 개발과 대규모 정비 사업, 두 가지만 기억하자

그렇다면 수원시의 새로운 중심이 될 지역이 갖추어야 할 조건은 무엇일까? 다른 부수적인 조건도 있겠지만, 크게 두 가지를 들 수 있다. 첫 번째는 신분당선과 GTX-C노선 역세권 범위에 들어오고, 분당선을 이용해 한 정거장만 이동하면 쉽게 GTX를 이용할 수 있어야 한다. 그리고 두 번째는 대규모 정비 사업으로 역세권 신축 대단지 아파트가 들어서는 곳으로 이전에 비해 생활 인프라가 월등히 좋아져야 한다.

① 수원역 앞 매교동 일대

수원시에서 앞서 언급한 두 가지 조건을 충족하는 곳은 수원역 앞 매교동 일대다.

• 수원역 앞 매교동 일대 •

출처: 카카오맵

매교동 일대는 수원역 GTX-C노선 역세권 범위에 들어오고, 분당선을 이용해 한 정거장만 이동하면 GTX로 환승이 가능하다. 무엇보다 정비 사업이 소규모로 띄엄띄엄 진행되는 것이 아니라, 각 사업 구역마다 2~3천 세대 이상의 대규모 개발이 한꺼번에 진행된다는 점이 가장 큰 강점이다. 앞서 언급했듯 입지가 비슷할 경우, 일반적으로 대단지가 소단지보다 가격이 높고, 시간이 흐를수록 가격차가 점점 벌어지는 특징이 있기 때문이다.

매교동 일대처럼 단지 하나가 아니라 지역 전체가 대규모 개발이 되면, 지역 내 기타 소단지까지 영향을 미쳐 시간이 흐를수록 아파트 가격은 점점 상향평준화가 된다. 낡고 어두웠던 구도심이 최상의 인프라를 갖춘 지역이 되니 한순간에 수원시의 중심으로 도약할 수 있는 여건이 마련된 셈이다.

② 신분당선이 연결되는 화서역 일대

기존 광교중앙역에서 화서역을 거치는 신분당선 호매실 연장 노선이 예비타당성 조사를 통과하면서 사업이 확장되었다. 비록 매교동 만큼은 아니지만, 사업 확정 소식과 함께 화서역을 중심으로 주변 아파트 가격이 단기간에 급상승했다. 신분당선 연장 노선의 기본 계획 수립과 함께 본격적인 착공에 들어가면, 연장선 주변 소규모 정비 사업 구역과 기존 구축 아파트는 또 한 번 상당한 가격 상승이 예상된다.

• 신분당선이 연결되는 화서역 일대 •

출처: 카카오맵

광교신도시가 물리적 거리는 서울과 결코 가깝지 않지만, 수원시 구도심보다 아파트 가격이 월등히 높은 이유는 신도시라는 장점과 서울 접근성을 획기적으로 개선하는 신분당선의 존재 때문이다. 화서역 일대 역시 시간이 흐르고 새로운 도시계획이 잡히면 단순 가격 상승을 넘어 수원시의 또 하나의 명품 주거 라인이 형성될 것으로 예상한다.

③ 교육 여건 최상, 삼성디지털시티의 수혜를 받는 영통구

그렇다면 오랜 기간 수원시의 중심으로 명성을 떨친 영통구는 어떨까? 수원시의 중심이 매교동, 화서동 쪽으로 이동하고 있으니 점점 쇠퇴하게 될까? 하나하나 살펴보자.

영통구는 좋은 학군이 형성되어 있는 지역으로, 교육 여건이 최상이다. 수인분당선 영통역 인근에는 유명 대형학원이 밀집해 있는데, 망포동과 영통동에 속한 대부분의 아파트 단지에서 쉽게 이동이 가능하다. 초등학교, 중학교, 고등학교가 대부분의 아파트 도보 거리 내에 있고, 중심 학원가가 인접해 있어 망포동과 영통동 주민들은 자녀가 성인이 될 때까지 안정적으로 편리하게 거주할 수 있다.

영통구가 오랜 기간 수원시의 중심 역할을 한 결정적인 이유는 대기업의 존재 때문이다. 대기업이 떠나지 않는 한, 영통구가 갑자기 쇠퇴할 가능성은 없다. 삼성디지털시티는 영통구의 정중앙에 위치해 있어 영통구에 속한 대부분의 아파트에서 도보로 출퇴근이 가능하다. 영통구 일대의 입지를 감안하면 큰 성장이 기대되지 않을 뿐, 아루아침에 쇠퇴할 가능성은 희박하다.

· 영통구 학원가 주변 환경 지도 ·

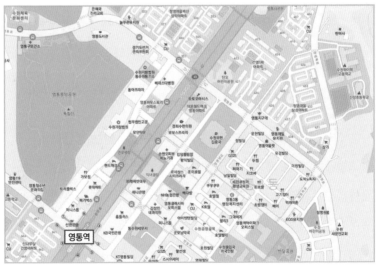

출처: 카카오맵

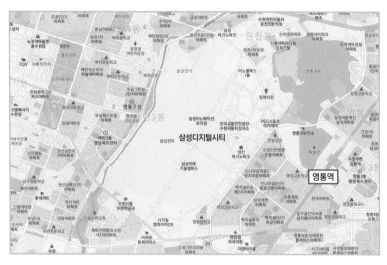

출처: 카카오맵

수원시 아파트 가격의 무게 중심은 동남쪽에서 서북쪽으로

정리해보면, 지금까지는 수원시 자족 기능의 대부분을 담당하고 있는 대기업의 존재로 망포동과 영통동이 수원시 중심으로서의 프리미엄을 누렸다. 이제부터는 신설 철도 개발호재와 대규모 정비 사업을 통해 신축 대단지 아파트가 들어오면서 수원시 아파트 가격의 무게 중심은 시간이 흐를수록 동남쪽에서 서북쪽으로 이동할 것으로 보인다.

그렇다면 수원시에서는 어떤 아파트를 사야 할까? 수원시로 전입하려는 계획이 있거나 수원시 내에서 갈아타기를 고려하고 있다면 선택은 두 가지 중 하나다. 첫 번째는 다른 무엇보다 미래가치를 중시하는 경우다. 만약 자금이 허락된다면 전매 제한이 풀릴 때 매교동과 화서동 신축 아파트를 매수해 이동하는 것이 좋은 선택이 될 것이다. 신축 아파트를 매수할 여력이 안 된다면 수원역 역세권 아파트 중에서 구축 대단지 아파트를 선택하는 것도 차선책으로 괜찮은 방법이다.

두 번째는 미래가치보다는 장기간 편리하고 안정적인 생활을 중시하는 경우다. 비록 서울 접근성은 떨어지지만, 최고급 일자리와 대규모 학원가가 분포해 있는 영통동과 망포동 소재 아파트를 추천한다. 옛날만큼의 명성은 아니지만 좋은 생활 여건으로 매년 물가상승률을 상회하는 가치 상승은 기대해볼 수 있다.

투자 포인트 전격 분석

♟ 수원시는 필자가 시골에서 올라와 수원시 소재 대학에 진학하면서 대학원을 졸업할 때까지 오랜 기간 거주했던 곳이다. 매교동, 영통동, 천천동, 화서동, 서둔동, 구운동 일대는 눈을 감고도 찾아갈 만큼 너무나도 친숙하다. 이제는 매교동, 화서동 일대가 수원시의 중심이 되어가는 만큼, 예전 모습은 추억으로 남고, 더욱 발전된 도시의 모습을 갖추게 될 것이다.

♟ 주변 규제 지역에서 흘러든 단기 투자자본에 의한 풍선효과와 신설 철도 개발호재가 더해지면서 수원시 아파트 가격에 이미 거품이 많이 끼었다고 이야기하는 사람들이 있다. 하지만 필자는 광교신도시나 동탄2신도시에 비해 아직은 턱없이 부족한 수준이고, 지금의 아파트 가격 상승은 주변 신도시와 키를 맞추고 있는 중이라고 생각한다.

♟ 수원역을 중심으로 진행 중인 대규모 상권 개발과 정비 사업 그리고 대형 교통 개발호재까지 더해져 수원시는 앞으로 더욱 성장할 것이다. 수원시 부동산 시장은 광역고속철도 개발과 대규모 정비 사업, 이 두 가지만 기억하면 된다.

핵심 노선 연장으로 서울의 일부가 되고 있는

하남시

경기도 중동부에 위치한 서울의 위성도시다. 2010년 이전까지만 해도 경기도에서 많이 낙후된 지역이었으나 2013년 이후 그린벨트가 일부 해제되면서 신도시 개발이 진행되었다. 서울 접근성이 좋으며, 주요 철도가 개통되었거나 줄줄이 개발을 앞두고 있어 시간이 흐를수록 위상이 크게 높아질 전망이다.

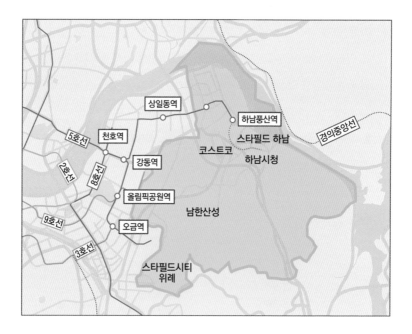

◯ 현재 하남시는?

비록 도시 내에 양질의 일자리는 없지만, 2020년에 개통한 5호선 하나 만으로도 서울 접근성이 훌륭하다. 어느 아파트를 선택하더라도 장기적으로 완만한 상승세를 이어갈 것으로 예상된다. 이미 평당 3천만 원을 상회하는 아파트가 많은 만큼 진입장벽은 높지만, 도전해볼 가치는 충분하다.

◯ 하남시의 미래 모습은?

하남시의 교통 여건은 경기도에서 최고다. 2020년에 5호선이 개통되었고, 서울의 핵심 노선인 3호선, 9호선, GTX-D노선이 줄줄이 대기 중이다. 어느 것하나 가치가 낮은 노선이 없다. 가장 계획이 늦은 GTX-D노선 확정 및 착공단계까지 갈 것도 없이 이미 계획 및 확정된 노선만으로도 현재는 물론, 미래가치가 매우 높다.

◯ 딱 이것만 기억하자!

미사신도시에서는 어느 아파트든 편하게 매입해도 좋다. 향후 계획된 노선개발까지 더해지면 미사신도시의 모든 아파트가 서울 핵심 노선 연장선의 역세권에 들어오기 때문이다. 교산신도시는 시범 단지 청약에서 당첨되지 않아도 시범 단지 분양이 끝나면 순차적으로 민간분양이 시작될 것이다. 분양가가 조금씩 높아지겠지만 일반 매매로 매입하는 것보다는 훨씬 저렴하다. 교산신도시 입주를 원한다면, 하루라도 빨리 주소를 이전해 우선순위를 선점할필요가 있다.

최고의 교통 여건을
자랑하는 미사신도시

하남시는 서쪽으로 서울 강동구와 접해 있고, 약 29만 명의 인구 중 경제활동 인구 대부분이 서울에 직장을 두고 있다. 하남시에는 여러 택지개발지구가 있지만, 크게 미사신도시와 교산신도시로 구분해 생각하면 어떤 전략으로 접근해야 하는지 기준을 정할 수 있다.

• 미사신도시 주변 환경 지도 •

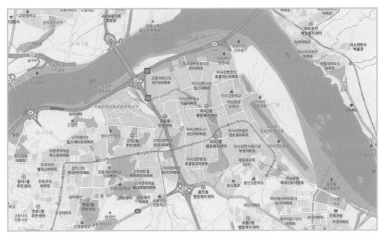

출처: 카카오맵

미사신도시 역시 크고 작은 호재가 있지만, 오로지 교통만 생각하고 접근해도 충분할 정도로 경기도 전체 신도시를 통틀어 단연 최고의 교통 여건을 자랑한다. 앞서 여러 차례 강조했듯 신도시는 도시 자체적으로 양질의 풍부한 일자리를 갖추거나 양질의 일자리가 있는 곳으로 빠르게 이동할 수 있어야 도시가 활성화되고 가치도 높아진다. 그런 면에서 미사신도시는 매우 훌륭한 교통 여건을 갖추고 있기 때문에 자족 기능은 고려하지 않아도 좋다.

• 하남시에 들어설 예상 철도 노선 •

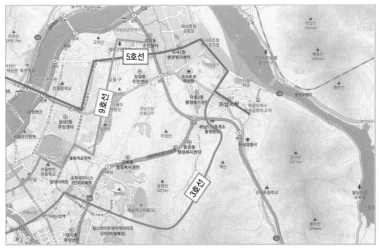

출처: 카카오맵

위 지도를 보면, 5호선은 2020년 8월에 개통되어 운행되고 있고, 3호선 연장선은 기존 오금역에서 하남시 감일지구와 교산신도시를 돌아 덕풍역으로 연결될 예정이다. 5호선과 3호선의 연장으로 인해 그동안 서울과 물리적 거리는 가깝지만 마땅한 교통편이 없어 불편했던 덕풍동 일대의 교통이 획기적으로 좋아진다. 환승 없이 30분 내외에 대치동 학원가를 이용할 수 있고, 5호선을 이용하면 잠실역에서 2호선으로 환승해 강남 업무 중심지로 바로 접근이 가능하다. 이로 인해 덕풍역 주변 아파트 가격 상승을 기대해볼 수 있다.

9호선도 이미 3단계까지 개통되어 운행되고 있고, 4단계 사업도 샘터공원역까지 연장 계획이 예비타당성 조사를 통과한 상태다. 추가로 5단계 사업까지 확정되면, 미사신도시는 도시 내 대부분의 아파트가 서울 업무 중심지로의 접근성이 뛰어난 핵심 노선 역세권에 속하게 된다.

거기에 GTX-D노선이 하남 미사에서 강남까지 연결될 예정이기 때문에 또 하나의 대형 호재가 남아 있는 상태다. 다만, GTX-D노선이 미사신도시로 연결되는 것은 대형 호재가 맞지만, GTX-D 연장 사업이 본격적으로 진행될 쯤에는 이미 미사신도시 대부분의 아파트가 좋은 노선들의 영향을 집중적으로 받고 있는 상태이기 때문에 GTX-D노선 자체로 인한 큰 집값 상승은 기대하기 힘들다. 그러나 어느 아파트를 선택하더라도 장기적으로 완만한 상승세를 이어갈 것으로 예상된다. 이렇게 교통 여건이 좋은 곳은 경제위기가 닥치더라도 가장 나중에 영향을 받는다는 장점이 있다.

미사신도시는 '서울특별시 미사구'라고 표현해도 손색이 없을 정도로 서울의 일부가 되어가고 있다. 그러나 미사신도시는 개발 막바지에 있고, 아파트 가격이 전반적으로 많이 오른 상태인 반면, 교산신도시는 계획 단계에 있고, 진입장벽이 낮다는 인식이 강해 많은 사람이 미사신도시보다 관심을 갖고 있는 것이 사실이다.

교산신도시 입주를 원한다면 이주를 서두르자

교산신도시의 면적은 약 649만㎡, 그러니까 약 196만 평 규모에 3만 2천 세대가 공급된다. 그리고 3호선 기존 종점을 시작으로 감일 지구에 1개 정거장, 교산지구에 2개 정거장을 신설하고, 5호선 덕풍 역과 연결되도록 계획이 잡혀 있다.

· 교산신도시 주변 환경 지도 ·

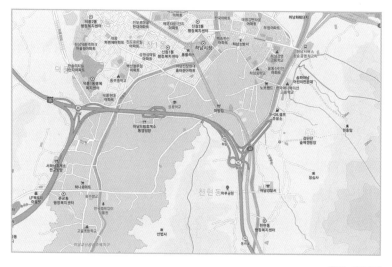

출처: 카카오맵

교산신도시가 속한 하남시는 조정대상지역과 투기과열지구로 지정되어 있기 때문에 원래부터 규제 대상이다. 거기에 정부가 2019년 12월 16일에 발표한 주택 시장 안정화 방안의 후속 조치로 인해

2020년 4월 17일부로 66만㎡ 이상의 대규모 택지개발지구에서 분양하는 아파트의 청약 1순위 자격을 얻으려면 해당 지역에서 2년 이상 거주해야 한다. 교산신도시의 시범 단지 분양 시기가 2021년으로 잡혀 있기 때문에 교산신도시에 청약을 목표하고 있다면, 하루라도 빨리 이주를 서두를 필요가 있다.

교산신도시로 연결될 3호선 쟁점은?

3기 신도시 조성은 현 정부의 주력 사업이기 때문에 그 어떤 사업보다 속도를 낼 것으로 예상된다. 교산신도시가 제대로 된 신도시의 모습을 갖추기 위해 가장 중요한 것은 교통망의 빠른 확충이다. 물론 3호선 연장으로 기존에 마땅한 전철이 없던 감일지구가 가장 큰 수혜를 받지만, 교산신도시 역시 30분 내외로 대치동 학원가와 고속터미널 등에 환승 없이 도달할 수 있고, 환승을 통해 강남 접근성이 좋아지는 만큼 3호선의 공사 진행 상황은 교산신도시의 가치를 높이는 데 매우 중요한 역할을 할 것이다.

그렇다면 결국 하남시 전체에 영향을 미칠, 교산신도시 3호선 연장 사업이 원활하게 진행되기 위해서는 어떤 쟁점들이 있을까? 첫 번째는 3호선 연장 사업이 예비타당성 조사를 면제받을 수 있느냐다. 애초부터 예비타당성 조사 면제 가능성이 컸던 만큼, 만약 실현된다면 전체적인 공사 기간이 앞당겨질 것이다. 두 번째는 사상 처음으로 100% 광역교통시설부담금으로 추진되는 만큼, 과연 광역교통시설부담금이 분양가에 얼마나 큰 영향을 줄 것이냐.

그럼 하나씩 자세히 들여다보자. 다음 표는 철도 사업 진행 단계를 정리한 것이다.

· 철도 사업 진행 단계 ·

	1단계	2단계	3단계	4단계
진행 단계	예비타당성 조사 (기한 없음)	기본 계획 수립 (약 1년)	설계 (2~3년)	본 공사 (4~8년)
주관기관	한국개발연구원	국토교통부	한국철도 시설공단	민간사업자

2~4단계는 상황에 따라 조금씩 연장되는 경우도 있지만 기간을 어느 정도 예상할 수 있다. 반면 예비타당성 조사는 그 기간을 알 수 없는 만큼 면제되느냐, 절차대로 조사를 받느냐가 사업성을 결정하는 데 매우 중요하다. 현재 국가재정법상 사업비가 500억 원 이상 투입되면서 국가 재정 지원 규모가 300억 원 이상인 건설 사업은 의무적으로 예비타당성 조사를 받아야 한다. 하지만 교산신도시 3호선 연장 사업은 국가 지원 없이 100% 광역교통시설부담금으로 추진하기 때문에 예비타당성 조사 없이 사업 진행 속도를 높여 신도시 조성 시기에 맞게 준공할 가능성이 있다. 그런데 공공기관 운영에 관한 법률에는 비록 국가 재정 지원을 받지 않더라도 총사업비가 1천억 원 이상이면 예비타당성 조사 대상이 될 수 있다고 명시하고 있다.

만약 교산신도시 3호선 연장 사업이 예정대로 예비타당성 조사 면제를 이끌어내지 못한다면, 개통 시기를 예측할 수 없는 만큼, 신도시 조성 후에도 상당한 교통 불편을 겪을 것이고, 교산신도시 아파트 가격 변동에도 큰 영향을 미칠 것으로 보인다.

교산신도시 예상 분양가는?

교산신도시 시범 단지의 분양가는 어느 정도 선에서 책정될까? 결론부터 말하면, 결과가 나오기 전까지는 아무도 알 수 없다. 다만, 교산신도시 분양가를 결정하는 지표들을 감안하면 어느 정도는 예상할 수 있다. 교산신도시가 속한 경기도 하남시는 분양가상한제를 적용받는 지역이다. 그리고 현 정부의 3기 신도시 조성 목적이 서울 및 주요 수도권 집값의 안정화인 만큼 초기 분양가를 무작정 높이는 것은 분명 한계가 있다. 그러나 국가 지원 없이 100% 광역교통시설부담금으로 추진해 사업 주체가 사업비 전액을 부담한 후에 해당 비용을 분할해 각 세대 분양가에 포함할 계획이기 때문에 생각보다 분양가가 높게 책정될 수도 있다.

정리하면, 분양가가 높게 책정될 수 있는 요인과 낮게 책정될 수 있는 요인이 뚜렷하게 공존하기 때문에 예측이 힘들다. 하지만 인근 감일지구의 분양가보다는 낮은 수준으로 책정될 확률이 크므로 과거 감일지구 분양가를 역으로 추적해보면 어느 정도 예측이 가능하다.

교산신도시 공급으로
타격을 받는 지역은?

그렇다면 교산신도시 입주가 본격화되면 직접 타격을 받는 지역은 어디일까? 결론부터 말하면, 교산신도시 주변에는 타격을 받는 지역이 없다. 하남시 미사지구와 감일지구는 교통 체계에 있어 교산신도시보다 입지적 우위에 있기 때문이다. 미사지구와 감일지구에서 교산신도시로 넘어가는 수요가 일부 있겠지만, 그다지 큰 타격을 주지는 않을 것이라 예상한다.

• 교산신도시와 하남시 구도심 주변 철도 노선 •

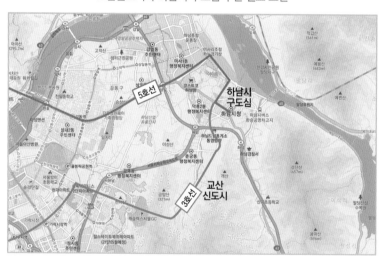

출처: 카카오맵

물론 교산신도시의 분양가가 얼마로 책정되느냐에 따라 하남시 구도심은 영향을 받을 가능성이 있다. 만약 교산신도시의 분양가가 예상보다 높게 책정된다면, 상대적으로 입지는 열세이지만 좋은 가성비를 택한 수요가 하남시 구도심에 머물 것이다. 하지만 반대로 교산신도시의 분양가가 저렴하게 책정된다면, 상당한 수요를 뺏길 수도 있다. 현재 하남시 구도심은 아파트 시세가 평당 2천 5백만 원 수준에 육박하고 있기 때문에 교산신도시로 수요를 뺏길 가능성이 큰 상황이다. 교산신도시의 분양가가 더욱 관심이 가는 이유다.

투자 포인트 전격 분석

📍 미사신도시 진입을 고려하고 있다면 어느 아파트를 선택해도 좋다. 지금은 비록 역세권 범위에서 조금 벗어나 있는 아파트라 해도 향후 계획된 노선 개발이 진행되면 미사신도시의 모든 아파트가 서울 핵심 노선 연장선의 역세권에 들어간다. 단, 자족 기능이 없는 도시이기 때문에 아파트 외 다른 부동산은 신중히 생각한 뒤에 접근해야 한다.

📍 3기 신도시 조성은 현 정부의 주력 사업이기 때문에 지자체 간 원활한 협력을 통해 빠르게 진행될 것이다. 교산신도시는 3기 신도시 중에서 가장 입지가 좋다고 평가받고 있다. 분양가가 얼마로 책정될지는 알 수 없지만, 입지와 주변 아파트 가격을 고려하면 수억 원의 차익이 발생할 것이라 예상된다. 조만간 시작될 3기 신도시 시범 단지 청약에서 당첨되지 않는다 해도 낙심할 필요는 없다.

📍 시범 단지 분양이 끝나면 순차적으로 민간분양이 진행될 것이다. 비록 좋은 입지에서 조금씩 멀어지고, 분양가가 조금씩 높아지겠지만 일반 매매로 매입하는 것보다는 훨씬 저렴하다. 교산신도시를 염두에 두고 있다면 하루라도 빨리 주소를 이전해 우선순위를 선점할 필요가 있다.

1기 신도시 재건축 사업의 성공 모델이 될
군포 산본신도시

군포시 산본동, 금정동 일원에 조성된 1기 신도시다. 1기 신도시 중에서 규모가 가장 작으며 상업, 업무지구의 비중 또한 낮은 편이다. 아파트 위주로 개발된 전형적인 베드타운으로, 주변이 산으로 둘러싸여 있어 경관이 좋고 조용하다. 책의 도시답게 도서관 시설이 잘되어 있어 어린 자녀를 양육하는 가정의 만족도가 매우 높다.

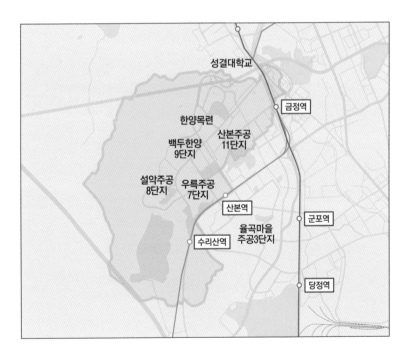

Q 현재 산본신도시는?

서울지하철 1호선과 4호선이 운행되고 있지만, 서울 접근성이 좋지 않다는 단점 때문에 아파트 가격 상승에는 한계가 있는 상태였다. 하지만 일부 단지에 외부 단기 투자자본이 유입되면서 2019년 말부터 2020년 초까지 아파트 가격 급상승을 일시적으로 경험했다.

Q 산본신도시의 미래 모습은?

산본신도시의 미래가치 키워드는 GTX–C노선과 재건축이다. 시간이 흐를수록 GTX–C노선 개발의 간접 영향을 받으면서 재건축 사업성까지 갖춘 아파트와 그렇지 못한 아파트의 가격차는 점점 벌어질 것이다. 만약 재건축 사업성을 갖춘 아파트가 사업 성공 사례로 남는다면, 상황이 비슷한 다른 1기 신도시 재건축 사업의 속도를 견인하는 역할을 할 것이다.

Q 딱 이것만 기억하자!

산본신도시는 재건축 사업성 유무 그리고 GTX–C노선과 신속한 환승이 가능한 4호선 역세권, 이 두 가지를 기억해야 한다. 여기서 중요한 점은 두 가지 조건 모두를 충족해야 한다는 것이다. 겉으로 보기에는 비슷해 보여도 아파트마다 미래가치가 극명한 차이가 있기 때문에 아무 아파트나 편하게 접근해서는 안 된다. 반드시 이 책의 내용을 충분히 숙지한 뒤 조건에 맞는 아파트를 신중히 선택할 것을 당부한다.

저렴한 시세, 살기 좋은 도시

산본신도시는 대표적인 수도권 1기 신도시로, 주변 환경이 조용하고 쾌적하며 아파트 시세가 비교적 안정적으로 유지되는 특징이 있다. 수도권 신도시 중에서 아파트 시세가 저렴한 편이고, 무엇보다 아이를 키우기 좋은 환경이라 신혼부부가 첫 보금자리로 선호하는 지역이다. 산본신도시가 속한 군포시는 책의 도시로 잘 알려져 있다. 다른 도시에 비해 도서관 시설이 우수해 미취학 아동부터 중학생 자녀가 있는 가정의 거주 만족도가 매우 높은 편이다. 자녀가 중학교에 다닐 때까지 거주하다가 고등학교 때 교육 여건이 더 좋은 평촌신도시로 넘어가는 가구가 많다.

2019년 말부터 급격한 상승, 그 이유는?

군포시는 오래전부터 서울지하철 1호선과 4호선이 운행되고 있지만, 서울 접근성이 좋지 않다는 단점 때문에 아파트 가격 상승에는 한계가 있었다. 그런데 2019년 말부터 아파트 가격 상승을 경험했다.

과연 그 이유는 무엇일까? 필자가 생각하는 이유는 세 가지다. 첫 번째는 주변 규제 지역에서 흘러든 단기 투자자본에 의한 풍선효과 때문이고, 두 번째는 GTX-C노선 금정역 개발 진행에 따른 영향이 금정역 주변뿐 아니라 빠르게 환승이 가능한 산본역, 수리산역 주변까지 영향을 미쳤기 때문이다. 마지막으로 세 번째는 대표적인 1기 신도시답게 대부분의 아파트가 준공 30년을 앞두고 있는 만큼, 재건축에 대한 기대수요가 집중했기 때문이다.

산본신도시 대부분의 아파트가 필자가 제시한 조건을 충족한다. 그렇다면 산본신도시의 모든 아파트를 편하게 매입해도 괜찮을까? 이 질문에 대한 답을 하기 위해서는 좀 더 깊이 들여다볼 필요가 있다.

다음은 산본신도시 내 역세권 아파트와 비역세권 아파트의 위치를 표시한 지도와 2019~2020년 두 아파트의 매매가 변동 추이를 나타낸 그래프다. 급격하게 상승한 지점을 기준으로 비교해보면, 뚜렷한 차이점을 알 수 있다.

• 산본신도시 내 역세권 아파트와 비역세권 아파트의 위치 •

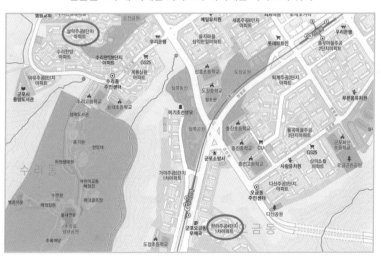

출처: 카카오맵

• 2019~2020년 한라주공4단지1차 매매가 변동 추이 •

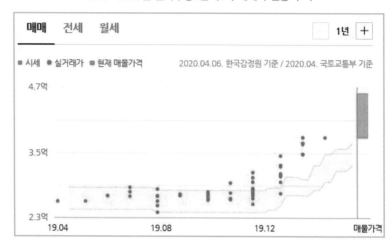

출처: 네이버부동산

• 2019~2020년 설악주공8단지 매매가 변동 추이 •

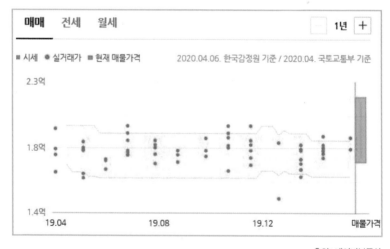

출처: 네이버부동산

한라주공4단지1차는 2019년 말부터 약 4개월 동안 1억 원 가까이 상승한 반면, 설악주공8단지는 같은 기간 동안 가격 상승이 전혀 없었다. 결국 같은 지역에 속하더라도 GTX-C노선으로 빠르게 환승이 가능한 4호선 역세권 범위에 들어오는 한라주공4단지1차가 교통 개발의 간접적인 영향을 받은 것을 알 수 있다.

4호선 역세권 범위에 들어온다고 모두 유망 아파트?

이 결과에 따라 4호선 역세권 범위에 들어오지 못하는 아파트는 일단 투자 대상에서 제외해야 한다. 1차 선별 과정을 거쳐 선택된 아파트는 다음 지도에 표시한 바와 같이 율곡주공3단지, 세종주공6단지, 퇴계주공3단지, 가야주공5단지1차, 한라주공4단지1차인데, 앞서 설명했듯 산본신도시는 대부분의 아파트가 준공 30년을 앞두고 있어 재건축에 대한 기대가 높다. 정리하면, 4호선 역세권 범위에 들어오면서 재건축 사업성까지 갖춘 아파트가 최적의 투자 대상이다.

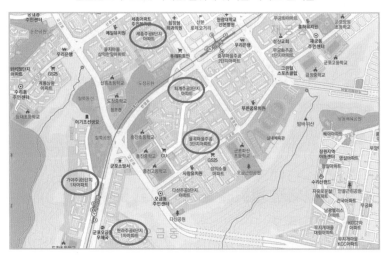

• 산본신도시 4호선 역세권 범위에 위치한 아파트 단지들 •

여기까지 정리되었다면 다음 표를 보자. 4호선 역세권 범위에 들어오는 5개 아파트 단지의 재건축 사업성을 간략하게 정리해보았다.

• 5개 아파트 단지의 재건축 사업성 비교 •

아파트명	용적률	용도지역	국토계획법	군포시 조례	예상 용적률
율곡주공3단지	219%	3종 일반 주거지역	300%	280%	250%
퇴계주공3단지	198%				
한라주공4단지1차	115%				
가야주공5단지1차	129%				
세종주공6단지	226%				

일단 5개 아파트 단지 모두 용도지역은 3종 일반주거지역이다. 군

포시 조례상으로는 국토계획 및 이용에 관한 법률에서 허용하는 용적률의 20%를 차감한 최대 280%까지 허용하고 있다. 거기에 이것저것 제반 조건으로 차감되는 용적률을 감안하면, 250% 정도가 실제 적용되는 용적률이라 예상할 수 있다.

같은 용적률이라 해도 이 책에서 소개한 광명시의 경우처럼 향후 토지가치가 많이 높아질 가능성이 있고, 평소 투자자가 많이 몰리는 지역이라면 일반 분양가가 높아 사업성을 좀 더 좋게 생각할 수 있다. 하지만 산본신도시처럼 토지가치가 크게 개선될 가능성이 낮은 지역은 예상 용적률이 현재 각 아파트 단지 용적률의 두 배 정도는 되어야 사업성을 확신할 수 있다.

이런 관점에서 본다면, 군포시 예상 용적률의 절반 정도 수준인 한라주공4단지1차와 가야주공5단지1차가 상대적으로 사업성이 좋다고 볼 수 있기 때문에 산본역 주변 아파트보다는 수리산역 주변 아파트가 투자 대상으로 더 적합하다. 실제로 산본역 역세권 아파트인 세종주공6단지는 재건축 사업성의 한계를 인정하고 리모델링으로 전환해 사업이 활발하게 진행 중이다. 참고로 각 지자체 조례로 정하는 용적률은 상위법에서 정한 수치를 상한으로 각 지자체의 상황을 고려해 자체적으로 정한다. 상위법에서 정한 수준 내에서 자유롭게 정하되, 초과하는 경우는 없다.

다만, 산본신도시에는 높은 용적률에도 불구하고 재건축 사업성이 좋은 아파트가 한 곳이 있다. 바로 금강주공9단지2차다. 금강주공9단지2차는 아파트 건물 아래에 상가가 일부 있기는 하지만 우리가 흔히 알고 있는 주상복합 아파트의 모습은 아니다. 1990년대까지만 하더라도 주상복합의 개념이 생소했고, 금강주공9단지2차처럼 주상복합으로 짓는다 하더라도 층수를 낮게 올리는 것이 일반적이었기 때문에 나타난 결과다.

금강주공9단지2차의 용적률은 217%다. 만약 금강주공9단지2차가 앞서 언급한 5개 아파트 단지처럼 3종 일반주거지역에 있었다면 재건축을 논하기 힘들었을 것이다. 하지만 금강주공9단지2차가 서 있는 토지의 용도지역은 일반상업지역이다. 일반상업지역은 3종 일반주거지역보다 훨씬 높은 용적률이 적용되고, 군포시 조례와 여러 제반 조건을 고려해 정말 보수적인 수준인 600%만 적용하더라도 현재 용적률의 두 배를 훨씬 초과하기 때문에 투자 대상으로 제격이다. 다만 준공연도가 1996년이기 때문에 재건축을 거론하는 것은 너무 이르다.

· 금강주공9단지2차의 재건축 사업성 분석 ·

아파트명	용적률	용도지역	국토계획법	군포시 조례	예상 용적률
금강주공9단지2차	217%	일반 상업지역	1,300%	800%	600%

출처: 네이버부동산, 군포시

투자 포인트 전격 분석

🔑 산본신도시는 지역의 가치가 급격하게 상승할 가능성이 크지 않다. 서울과의 물리적 거리가 상당히 멀고, GTX-C노선 금정역 정차로 간접 영향을 받으면서 재건축 사업성까지 갖춘 아파트가 극히 적기 때문이다. 그렇다면 기존 아파트가 노후화된 만큼 재건축 사업성이 좋은 아파트에 수요가 집중될 가능성이 크다. 4호선 역세권 범위에 들어오면서 용적률의 두 배 값이 250%를 넘지 않는 아파트가 좋은 사업성을 가지고 있다고 볼 수 있다.

🔑 냉정하게 말해, 산본신도시는 높은 투자 수익을 올릴 수 있는 지역이 아니다. 그리고 아직까지 우리나라에 신도시 아파트를 재건축한 사례가 없다. 산본신도시 재건축 사업은 해당 아파트 자체의 미래가치를 논하기 이전에 신도시 재건축 사업의 좋은 모델이 될 수 있다. 산본신도시에서 재건축 성공 사례가 나온다면, 상황이 비슷한 다른 1기 신도시에 좋은 본보기가 되어 후속 재건축 사업이 더욱 속도를 내는 파급효과를 기대할 수 있다.

🔑 산본신도시는 필자가 신혼살림을 시작했던 곳이다. 전반적으로 아파트 시세가 저렴하고, 아이를 키우기 좋은 환경을 갖추고 있다. 경기도 남부에서 신혼살림을 꾸리기에 좋은 곳을 추천해달라고 하면 필자는 두 번 생각하지 않고 산본신도시를 추천할 것이다. 지금까지 설명한 내용을 바탕으로 아파트를 선택한다면 괜찮은 미래가치를 기대해볼 수 있다.

미분양관리지역에서 투기과열지구로 신분 상승한
인천 검단신도시

인천광역시 당하동, 마전동, 불로동, 원당동 일원에 조성된 2기 신도시다. 지난 정권 막바지에 조성된 탓에 제대로 지원을 받지 못했고, 초반에는 대규모 미분양이 쏟아질 정도로 주목을 받지 못했다. 하지만 지금은 인천도시철도 1호선 연장 사업을 시작으로 크고 작은 교통 개발호재에 힘입어 미분양 해소는 물론, 많은 투자자들의 관심을 받는 신도시로 도약했다.

○ 현재 검단신도시는?

한때 미분양관리지역으로 지정될 정도로 침체를 겪었지만, 인근 도시의 아파트 가격 상승 여파와 GTX-D노선 개발 계획이 수면 위로 떠오르면서 부동산 시장 분위기가 급변했다. 한동안 국내 부동산 시장의 변방으로 인식되던 곳이 최근 수도권 주택 시장의 주인공으로 떠오르는 분위기다.

○ 검단신도시의 미래 모습은?

검단신도시의 부동산 시장 분위기가 급변한 이유는 주변 비규제 지역 아파트 가격 상승 여파와 GTX-D노선 개발 소식 때문이지만, 파급효과는 후자가 훨씬 크므로 GTX-D노선 개발 확정이 급선무이다. 개발 진행 상황에 따라 도시의 위상은 점점 더 높아질 것이고, 아파트 가격 변동 흐름도 같이할 것이다.

○ 딱 이것만 기억하자!

검단신도시는 GTX-D노선의 운명과 함께한다. 검단신도시를 관심 있게 보고 있다면 개발호재가 선반영되어 가치가 없다느니, 언제 개통될지 모르기 때문에 고려할 사항이 아니라느니 등의 말에 현혹되어서는 안 된다. 개발 진행 상황에 따라 적절히 대응할 수 있도록 미리 계획을 세울 것을 권한다.

마지막
2기 신도시

검단신도시는 마지막 2기 신도시다. 지난 정권 막바지에 조성된 신도시이다 보니 다른 2기 신도시에 비해 상대적으로 열악한 지원을 받았고, 인근에 3기 신도시 조성 계획까지 연달아 발표되면서 미분양이 대거 양산되었다. 그런데 미분양관리지역에서 해제된 지 얼마 지나지 않아 6·17 부동산 대책이 발표되면서 어처구니없게도 한순간에 투기과열지구로 지정되었다. 그로 인해 서울 주택 가격 안정화 정책의 가장 큰 희생양이 된 신도시라는 인식이 강하다.

현재 검단신도시에 거주 중인 주민들과 예비 입주자들이 검단신도시의 투기과열지구 지정 철회를 요구하고 있다. 지정 철회를 요구하는 근거는 투기과열지구로 지정될 만큼 가격 상승이 없었고, 검단 원도심 시세는 2010년 수준에 머물러 있으며, 투기 세력을 막는 효과보다는 내 집 마련을 위한 실수요자들의 피해가 더 크다는 것이 주된 골자다.

2021년에 첫 입주를 앞두고 있는 검단신도시는 투기과열지구 지정으로 대출 한도가 기존 70%에서 40%로 줄어든다. 쉽게 말해, 검단신도시 입주를 위해 대출을 최대한 높게 잡고 자금 계획을 세운 입주자들은 1억 원 정도를 추가로 마련해야 한다는 뜻이다.

검단신도시 예비 입주자들 사이에서 청약에 당첨되었을 때 기뻐서 웃었다가, 대규모 미분양 사태로 막막해서 울었다가, 신규 교통 개발 호재로 다시 웃었다가, 투기과열지구로 지정되면서 잔금 소급 적용으로 다시 울었다가 그야말로 냉탕과 온탕을 오가는 기분이라는 볼멘소리가 나오는 것도 무리가 아니다.

검단신도시,
분위기가 반전된 이유는?

그렇다면 한때 미분양관리지역으로 지정될 정도로 분위기가 좋지 않았던 검단신도시가 갑자기 분위기가 좋아진 이유는 무엇일까? 검단신도시 아파트 가격 상승을 이끌고 있는 첫 번째 요소는 바로 입지다. 원활한 이해를 돕기 위해 김포시 풍무동 최근 거래 사례를 살펴보도록 하겠다.

• 김포시 풍무동 아파트 최고 실거래가 •

아파트명	매매가(만 원)
풍무센트럴푸르지오	75,900
풍무푸르지오	75,000
한강메트로자이(분양권)	80,143

출처: 네이버부동산(2020년 10월 기준)

2018년에 입주를 시작한 풍무센트럴푸르지오 전용 84타입이 2020년 10월 기준으로 7억 원대 중반에 거래되었고, 더 강세를 보인 분양권은 8억 원을 넘어 김포시 전체의 신고가를 기록했다. 전용 84타입이 8억 원을 넘은 것은 김포시가 생긴 이후 사상 처음 있는 일이

었다. 그렇다면 검단신도시와 풍무동이 무슨 관계가 있기에 필자가
풍무동 아파트 가격을 언급한 것일까? 우선 지도를 통해 검단신도시
와 풍무동의 위치를 확인해보자.

• 검단신도시와 풍무동의 위치 위성사진 •

출처: 카카오맵

검단신도시는 김포시 풍무동과 길 하나를 두고 인접해 있다. 김포
시는 비규제 지역 프리미엄을 안고 아파트 가격 상승을 제대로 누리
고 있는데, 길 하나를 두고 인접해 있는 지역이라면, 당연히 전반적
인 입지와 생활권이 비슷할 것이고, 주변 아파트 가격 흐름에도 영향
을 미칠 것을 예상할 수 있다.

검단신도시 아파트 가격 상승을 이끌고 있는 두 번째 요소는 바로
101 역세권 개발이다. 101 역세권 개발은 2020년 9월 민간 사업자

공모에서 롯데건설이 우선 협상 대상자로 선정되어 사업 추진에 탄력이 붙고 있다. 이는 대지 면적 약 5만㎡, 총사업비가 약 1조 2억 원에 달하는 대규모 사업으로, 현재까지 알려진 바로는 2026년 상반기까지 사업을 마무리 짓는 것을 목표로 하고 있다. 101 역세권 개발은 검단신도시 생활 인프라 구축에 중추적인 역할을 해 전반적으로 검단신도시의 격을 높이는 효과가 있을 것이라 전망한다.

마지막으로, 검단신도시 아파트 가격 상승을 이끌고 있는 세 번째 요소는 분양권 거래가 가능한 단지들이다.

• 검단신도시 내 분양권 거래 가능 단지 •

아파트명	세대수	공고일	전매 가능 시기	입주 예정일	84타입 분양가
호반써밋인천검단 1차	1,168	2018.10.18	2019.11.1	2021.6	4억 1천만 원
검단금호어울림 센트럴	1,452	2018.10.31	2019.11.13	2021.7	3억 9천만 원
검단유승한내들 에듀파크	938	2018.10.25	2019.11.8	2021.9	4억 원
루원시티 SK리더스뷰	2,378	2018.10.19	2019.11.7	2022.1	4억 3천만 원

이제는 법이 강화되어 직접 청약에 당첨되지 않는 이상, 새집의 최초 주인이 될 수 있는 방법이 없다. 현재 분양권 거래가 가능한 단지의 입주가 마무리되면 법이 바뀌지 않는 이상, 분양권 거래라는 형태는 역사 속으로 사라지게 된다.

사람은 누구나 새집에 살고 싶은 욕구를 가지고 있다. 따라서 시간이 흐를수록 분양권의 희소가치는 점점 높아질 수밖에 없고, 분양권 거래가 가능한 단지가 있는 검단신도시는 입주가 완료되기 전까지는 외부 수요를 꾸준히 끌어들일 것이다. 비록 당시 분양가에 비해 많은 프리미엄이 붙어 거래되고 있지만, 그래도 여전히 입주 시점에 비해서는 저렴하기 때문에 수요가 집중되고 있다.

이처럼 분위기가 단기간에 급변한 검단신도시는 앞으로 어떻게 될까? 검단신도시의 미래가치를 두 가지로 나눠 정리해보도록 하겠다.

고강도 부동산 대책,
오히려 수혜가 된다?

• 6·17 부동산 대책의 핵심 내용 중 한 부분 •

③ 갭투자 방지를 위한 전세자금대출보증 이용 제한 강화

□ (현행) 시가 9억원 초과 주택 보유자에 대한 **전세대출 보증 제한** 하고, 전세대출을 받은 후 9억원 초과 주택 구입 시 대출 즉시 회수

  • 다주택자(2주택 이상)에 대해서도 전세대출 보증이 제한되어 있음

□ (개선) **❶투기지역·투기과열지구 내 시가 3억원 초과 아파트를 신규 구입하는 경우도 전세대출 보증 제한 대상에 추가**

  ❷전세대출을 받은 후 투기지역·투기과열지구 내 3억원 초과 아파트를 구입하는 경우 전세대출 즉시 회수

  • 구입주택의 기존 임대차 계약 미완료 등 불의의 피해가 발생될 수 있는 경우에만 회수규제 적용 유예

□ (적용시기) 보증기관 내규 개정 시행일 이후

  ○ (❶번 사항) 투기지역·투기과열지구 내 3억원 초과 아파트를 신규 구입하는 경우부터 적용

    • 규제시행 전 전세대출 차주가 규제시행 후 투기·투기과열지구내 3억원 초과 아파트를 신규 구입 시 대출 연장 제한(기존 전세대출 만기까지만 인정)

  ○ (❷번 사항) 전세대출 신규 신청 분부터 적용

출처: 국토교통부

검단신도시가 미래가치가 있다고 보는 첫 번째 이유는 아이러니하게도 검단신도시를 하루아침에 미분양관리지역에서 투기과열지구로 둔갑시킨 6·17 부동산 대책의 핵심 내용 중 한 부분에서 찾을 수 있다. 6·17 부동산 대책의 핵심 내용 중에 '투기과열지구에서 3억 원을 초과하는 아파트를 매입할 때 전세대출을 받을 수 없고, 그 대출금으로 3억 원을 초과하는 아파트를 매입하면 전세대출금을 즉시 회수한다'라는 문구가 있다. 한마디로 의도적으로 전세생활을 하면서 별도 주택을 보유하는 것을 막겠다는 뜻이다.

그런데 왜 하필 기준이 3억 원일까? 그 이유는 부동산 대책을 논의할 당시 전국 아파트 평균 가격이 3억 원대라는 점을 고려했기 때문이다. 이렇게 평균치를 적용하다보니 서울 강남 아파트 시세의 10분의 1 정도밖에 되지 않는 검단 원당지구도 졸지에 투기과열지구가 된 것이다.

그럼 상식선에서 한번 생각해보자. 3억 원을 초과하는 주택이 이번 정책의 주 대상이 되어 대출을 비롯한 자금 조달이 힘들어진다면, 반대로 3억 원을 넘지 않는 아파트에 매수 수요가 집중될 것이고, 3억 원을 넘지 않는 아파트가 많은 지역이 상대적으로 투자자들의 주목을 받을 것이라 예측할 수 있다. 또한 또 다른 풍선효과가 나타날 유력한 지역이라는 것을 예상할 수 있다.

검단신도시 중심에 조성된 원당지구를 비롯해 검단신도시와 바로 접해 있는 당하지구, 불로지구 아파트는 대부분 3억 원을 넘지 않는 선에서 가격이 형성되어 있다. 대부분 2010년 이전에 준공된 것으로, 2021년부터 본격적으로 입주를 시작할 검단신도시 아파트에 비해 상대적으로 구축에 속하고, 실거래가가 5년 전과 거의 차이가 없을 정도로 주목을 받지 못했다. 하지만 6·17 부동산 대책이 3억 원을 초과하는 주택에 집중되어 있다는 점에서 대출을 비롯한 자금 조달이 훨씬 수월하고 자유롭기 때문에 이와 직접적으로 관련된 추가 대책이 발표되지 않는 이상, 시간이 흐를수록 이전에 비해 주목을 받을 가능성이 크다.

• 원당지구 아파트 가격 비교 표 •

아파트명	세대수	준공연도	매매가 (만 원/평)	전세가 (만 원/평)
원당신안실크밸리	836	2004년	801	642
원당풍림아이원	1,739	2004년	800	648
원당e편한세상	449	2004년	827	618
원당LG자이	938	2004년	841	641
원당금호어울림	269	2005년	783	596

출처: 네이버부동산(2020년 12월 기준)

검단신도시 미래가치의 화룡점정, GTX-D노선

검단신도시가 미래가치가 있다고 보는 두 번째 이유는 구체적인 내용이 확정되지는 않았지만, GTX-D노선이 하남 미사에서 강남을 거쳐 검단신도시로 연결될 예정이기 때문이다. 첫 번째 이유보다 두 번째 이유가 훨씬 더 중요하다.

GTX-D노선 사업은 2019년 10월 국토교통부가 광역급행철도 수혜 범위 확대를 위해 경기도 서부권의 신규 노선을 검토하겠다고 밝히면서 본격적으로 논의되기 시작했다. 원활하고 효율적인 사업을 진행하기 위해 해당 지자체 간 협력으로 2021년 상반기에 GTX-D노선 계획을 포함한 제4차 국가철도망구축계획을 수립하는 것을 목표로 하고 있다.

현재 GTX-D노선 사업은 크게 두 가지 안을 가지고 있다. 1안은 하남 미사에서 잠실과 강남, 부천 대장신도시, 인천 계양신도시, 검단신도시를 거쳐 최종적으로 김포 한강신도시로 연결하는 것이다. 그리고 2안은 하남 미사에서 부천 대장신도시, 인천 계양신도시까지는 동일하지만 검단신도시를 거치지 않고 바로 청라지구와 영종도를 거쳐 인천공항으로 연결하는 것이다.

1안은 신도시가 많고 앞으로 인구가 계속해서 늘어날 경기 서부권에 그동안 서울 접근성을 위한 마땅한 교통수단이 없었던 것을 획기적으로 개선한다는 점에서 의미가 있고, 2안은 서울을 비롯한 경기 동부권에서 인천공항까지 빠르고 편리하게 도달할 수 있다는 점에서 의미가 있다. 그럼 현재 전반적인 분위기는 어떨까? 물론 많은 사람이 자신이 살고 있는 지역에 GTX-D노선이 유치되었으면 하는 바람을 갖고 있겠지만, 현재 분위기는 1안이 압도적으로 우세하다.

• GTX-D 예상 노선도 •

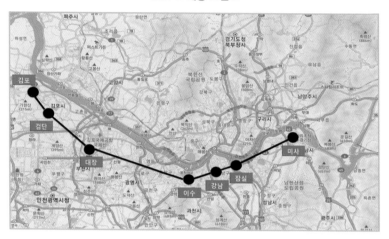

출처: 카카오맵

그렇다면 그 이유는 무엇일까? 크게 두 가지를 들 수 있다. 첫 번째 이유부터 살펴보자. 수도권 서부 지역은 검단신도시, 한강신도시, 계양신도시, 대장신도시가 조성 중이거나 계획 중이고, 입주가 완료될 경우 수용 인구가 100만 명을 넘을 것으로 추산되기 때문이다. 반면 2안은 청라지구를 제외하면 대규모 인구가 집중된 지역이 없고, 광역고속철도를 도입하면 출퇴근 시간에 이용할 인구가 1안에 비해 훨씬 적기 때문에 노선 효율 면에서 1안이 우세에 있다고 보는 것이다.

두 번째 이유는 결국 인구가 집중되는 지역에서 노선을 꾸준히 이용하는 인구가 많으면 경제성을 더 쉽게 확보할 수 있고, 사업 타당성을 이끌어내기가 유리하기 때문이다. 사업 타당성을 빨리 이끌어내면, 그만큼 사업 진행 속도도 빨라진다.

그럼 GTX-D노선의 착공은 언제쯤 이루어질까? 일반적으로 국가철도망구축계획에 반영하는 것과 예비타당성 조사를 통과하는 기간은 각 노선마다 천차만별이기 때문에 그 기간을 예측하는 것은 사실상 불가능하다. 하지만 선례로 GTX-B노선이 좋은 본보기가 될 수 있다. GTX-B노선은 2006년부터 이야기가 나왔지만 다른 사업에 밀리고 경제력을 확보하지 못해 시간을 끌다가 2019년이 되어서야 겨우 예비타당성 조사를 통과했다.

GTX-D노선, 아직은 계획 단계지만 준비는 지금부터

GTX-D노선은 국가철도망구축계획에 반영도 되지 않은 상태이기 때문에 첫 삽을 뜨기까지 길게는 10년 넘게 걸릴 수도 있다. 어떤 사람들은 GTX-D노선도 최소 15년 뒤에나 개통될 텐데, 과연 검단신도시 입장에서 큰 의미가 있느냐고 주장하기도 한다.

다음은 한 광역도시철도 사업 진행 상황에 따른 주변 아파트 가격 변동 추이를 나타낸 그래프다.

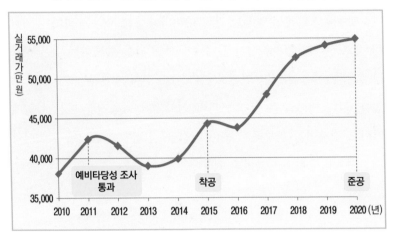

・ 광역도시철도 사업 진행 상황에 따른 주변 아파트 가격 변동 추이 ・

출처: 네이버부동산(2021년 1월 기준)

그래프를 살펴보면, 주요 시점 때마다 아파트 가격이 급격하게 변동한 것을 확인할 수 있다. 예로 든 광역도시철도 사업은 노선 개발에 대한 이야기가 나온 후부터 실제 개통이 되기까지 10년 이상이 걸렸다.

지금부터 더욱 세부적으로 살펴보자. 2010년 이전부터 이 아파트에 살던 사람은 예비타당성 조사 통과 시점에 아파트 가격이 오르는 것을 보고 팔려고 할 것이고, 외부에서는 예비타당성 조사 통과를 큰 호재로 보고 사려고 할 것이다. 그렇게 거래가 성사된다. 그리고 외부에서 예비타당성 조사 통과를 보고 아파트를 산 사람은 착공 시점까지 보유하다가 목표하는 수익을 달성한 후에 팔려고 할 것이고, 다른 외부인은 착공을 호재로 보고 사려고 할 것이다. 그렇게 거래가 또 성사된다.

230

요약하면, 노선이 완공되지 않더라도 사업이 확정되고 변화하는 과정에서 가치가 오르고, 여러 번의 매수 및 매도 타이밍이 있다는 뜻이다. GTX-D노선 개발이 확정되면, 그 순간부터 준공되어 운행하는 순간까지 모든 순간이 검단신도시에는 호재가 되는 것이다. GTX-D노선은 서울 중심지로 빠르게 접근하는 것이 목적이기 때문에 당연히 전체 노선도의 끝자락에 위치한 하남 미사나 김포 한강신도시, 검단신도시가 수혜 지역이 될 것이라 예상되지만, GTX-D노선이 들어서기 전에 서울의 핵심 노선이 모두 들어와 있을 하남 미사보다는 절대적으로 교통이 열악했던 검단신도시가 훨씬 큰 수혜를 받을 것이라 전망한다.

GTX-D노선이 검단신도시로 연결되면 GTX 역세권 아파트에서는 단일 노선으로 강남까지 20분 정도면 도착할 수 있고, 설령 역세권에서 조금 벗어나 있더라도 연계 교통을 이용해 GTX 정차역으로 접근하면, 이전보다 서울 접근성이 개선된다.

현재 검단신도시 입주자 커뮤니티에서는 GTX-D 정차역이 인천지하철 1호선 검단 연장선의 101역이 될 것이냐, 103역이 될 것이냐를 두고 의견이 대립하고 있다. 필자가 그들에게 해주고 싶은 말은 GTX-D노선이 101역으로 들어오든, 103역으로 들어오든 큰 의미가 없다는 것이다. 물론 GTX 역세권에 들어오는 아파트가 조금 더 가치가 있을 것이다. 하지만 인천지하철 1호선은 배차 간격이 길지 않고, 검단신도시 내에서 한두 정거장이면 쉽게 환승이 가능하기 때문에 GTX-D노선 도입으로 어느 특정 아파트만 수혜를 보는 것이 아니라 검단신도시 내 대부분의 아파트가 수혜를 보게 될 것이다. 따라서 GTX-D 정차역이 어디가 될지를 두고 열을 올리기보다는 노선 개발 계획 확정은 언제쯤 이루어지는지, 각 주요 공사 일정은 어떻게 되는지 관심을 갖고 계획을 세우는 것이 바람직하다.

• 인천지하철 1호선 검단신도시 연장 노선도 •

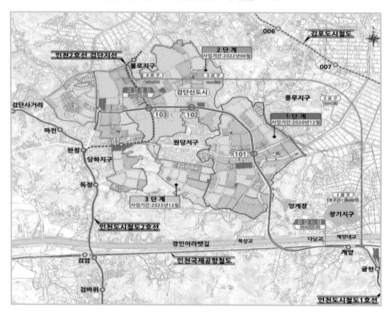

출처: 인천시청

투자 포인트 전격 분석

♟ 현 정부의 주력 사업이 신도시 건설을 통해 서울 인구를 분산시켜 집값을 안정시키고, 새롭게 조성한 신도시에서 서울로 빠르게 접근할 수 있도록 교통망을 확충하는 것이기 때문에 큰 이변이 없는 한, GTX–D노선 역시 제4차 국가철도망구축계획에 포함될 것으로 보인다.

♟ 다만, 검단신도시를 투자 및 실수요 목적으로 바라보고 있다면, GTX–D노선 공사 일정에 따라 주변 아파트 가격이 급변할 것이기 때문에 언제 어떻게 사업이 확정되는지, 언제 착공하고 언제 완공되는지 주의 깊게 살필 필요가 있다.

♟ 눈앞의 이익을 위해 서로 대립하기보다는 GTX–D노선 개발 사업이 하루라도 빨리 진행될 수 있도록 마음을 하나로 모으는 것이 중요하다. 그래야 검단신도시가 혼돈의 역사를 뒤로하고 빠르고 균형 있게 발전할 수 있다. 앞으로 비상할 일만 남은 검단신도시의 미래를 기대해본다.

비규제 지역 프리미엄은 사라졌지만 늦지 않았다!

인천광역시

인천국제공항과 인천항이 있어 대한민국의 관문도시이자 항구도시 역할을 하고 있다. 서울특별시와 부산광역시에 이어 세 번째로 인구가 많다. 부평구와 계양구 일대를 제외한 지역은 서울 접근성이 좋지 않고, 극단적으로 서쪽에 치우친 입지 탓에 외부 수요를 끌어들이는 데 한계가 있다.

○ 현재 인천광역시는?

인천광역시의 문제점은 명확하다. 단순 일자리는 많지만 양질의 일자리가 없어 높은 주택 구매력을 갖추지 못했고, 서울 접근성까지 좋지 않아 서울로 출퇴근은 물론, 외부 인구 유입에도 한계가 있다. 일시적으로 비규제 지역 프리미엄과 GTX-B노선 확정 소식으로 깜짝 주목을 받았지만, 외부 투자 수요가 도시 전체에 영향을 미치기에는 역부족이다.

○ 인천광역시의 미래 모습은?

송도국제도시와 검단신도시를 제외한 인천광역시는 도시 전체의 미래가치를 기대하기 힘들다. GTX-B노선 확정 소식이 도시에 활기를 불어넣고는 있지만, 수혜 범위가 한정적이다. 따라서 인천광역시 진입을 생각하고 있다면 인천광역시 전체의 미래가치가 아닌, 부분적인 미래가치를 생각해야 한다.

○ 딱 이것만 기억하자!

인천광역시는 GTX-B노선과 대규모 신규 공급, 이 두 가지를 생각해야 한다. 단, GTX-B노선 정차역 주변으로 대규모 신규 공급이 예정되어 있으므로, 단순하게 GTX 역세권 아파트라고 무턱대고 접근하기보다는 주변 공급 물량과의 상관관계를 고려해야 한다. 공급 물량 역시 세부적으로 보면 많은 차이가 있으니 이 책의 내용을 통해 충분히 차이점을 인지하기 바란다.

인천광역시에 힘이 되는
GTX-B노선

여기서 설명하는 인천광역시는 송도국제도시와 검단신도시를 제외한 나머지 지역을 의미한다. 인천광역시는 북쪽으로는 김포시, 동쪽으로는 서울특별시, 부천시, 남쪽으로는 시흥시, 안산시와 접해 있는 수도권 유일의 광역시다. 꾸준한 간척 사업으로 면적을 확장하고 있고, 원도심 재개발 사업을 진행하고 있으며, 지속적인 산업단지 건설로 자족 기능을 향상시키고 있다. 지하철 1호선을 이용해 서울 출퇴근이 가능한 부평구와 계양구를 중심으로 수요가 꾸준히 있는 편이다.

인천광역시는 6·17 부동산 대책으로 투기과열지구로 지정되기 전까지 상당히 오랜 기간 아무런 규제도 받지 않았다. 집값이 저렴하다는 인식이 강할 정도로 오랜 기간 뚜렷한 집값 상승을 경험하지 못했지만, GTX-B노선 개발 확정과 함께 본격적으로 주목을 받기 시작했다. GTX-B노선은 인천광역시 송도에서 남양주시 마석까지 80㎞를 잇는 노선이다. GTX-B노선을 이용할 경우 송도에서 서울역 구간은 약 80분에서 26분 정도로, 평내호평에서 서울역 구간은 약 85분에서 25분 정도로, 마석에서 서울역 구간은 약 90분에서 30분 정도로 빨라질 것으로 예상된다. 현재 2022년 말 착공을 목표로 사업이 활발히 진행 중이다.

투자자들의 주목을 받지 못했던 인천광역시

그렇다면 인천광역시가 외부 투자자들로부터 큰 주목을 받지 못했던 이유는 무엇일까? 첫 번째 이유는 서울과 상당한 거리를 두고 있기 때문이다. 오래전부터 서울지하철 1호선과 인천지하철 1, 2호선이 운행되었지만, 그동안 서울 업무 중심지로 진입하기 위해서는 많은 시간이 소요된 것이 사실이다.

두 번째 이유는 인천광역시의 자족 기능을 담당하던 대부분의 일자리가 고소득 일자리가 아니어서 집값을 일정 수준 이상으로 끌어올리기에는 한계가 있었기 때문이다. 한마디로 외부 투자자들은 인천광역시가 수도권 유일의 광역시인 만큼 많은 인구가 살고 있고 자족 기능도 구축하고는 있지만, 서울 접근성이 현저히 떨어진다는 단점을 다른 장점들보다 더 크게 봤다는 뜻이다.

인천광역시가 반짝 주목받은 이유는?

그렇다면 인천광역시 아파트 가격이 최근 오랜 침묵을 깨고 급상승한 이유는 무엇일까? 다른 부수적인 이유도 있겠지만, 넓은 의미에서 두 가지 이유를 들 수 있다.

첫 번째는 비규제 지역 프리미엄으로 인근 규제 지역에서 흘러든 단기 투자자금에 의한 풍선효과 때문이다. 인천광역시는 6·17 부동산 대책 이전까지 비규제 지역이었기 때문에 운신의 폭이 좁아진 투자자금이 몰리기에 매우 매력적인 상황이었을 것이다. 두 번째는 GTX-B라는 대형 교통개발 호재로 그동안 고질적인 문제였던 서울 접근성이 획기적으로 좋아질 것이라는 기대감 때문이다. 지금까지 인천광역시가 가지고 있던 단점들이 해결됨으로써 본격적으로 아파트 가격이 움직이기 시작했다고 볼 수 있다.

그렇다면 오랜 고질적인 문제가 모두 해결될 가능성이 크다고 해서 인천광역시 구도심에 속한 모든 아파트를 편하게 매입해도 괜찮을까? 좀 더 세부적으로 들여다보면 어떤 아파트를 매입해야 하는지 구체적인 답을 얻을 수 있다.

인천광역시에서는 이런 아파트에 주목하자

다음은 GTX-B노선 신설역 역세권 아파트와 비역세권 아파트의 위치를 표시한 지도와 비교 표, 2015~2020년 매매가 변동 추이를 나타낸 그래프다. 두 아파트는 서울 접근성을 개선시켜줄 신설역 역세권 범위에 속하느냐 그렇지 않느냐의 차이만 있을 뿐, 세대수와 준공연도는 크게 차이가 없다. GTX-B노선 신설역 역세권 아파트인 간석래미안자이는 불과 2~3개월 사이에 1억 원 이상 급격히 상승한 반면, 비역세권 아파트인 인천관교한신휴플러스는 같은 기간 동안 이렇다 할 큰 상승을 경험하지 못했다.

• GTX-B노선 신설역 역세권 아파트와 비역세권 아파트 위치 •

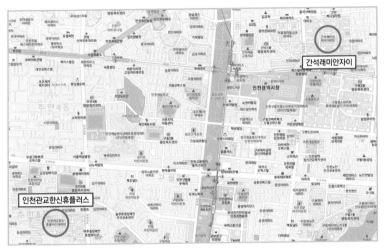

출처: 네이버지도

• GTX-B노선 신설역 역세권 아파트와 비역세권 아파트 비교 표 •

아파트명	세대수	준공연도	특이사항
간석래미안자이	2,432	2008년	GTX-B노선 인천시청역 역세권
인천관교한신휴플러스	1,509	2010년	비역세권

출처: 네이버부동산

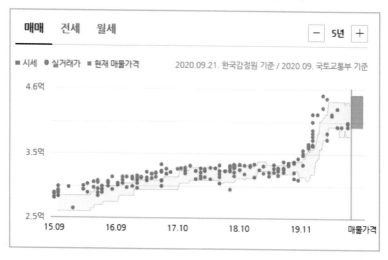

• 2015~2020년 간석래미안자이 매매가 변동 추이 •

출처: 네이버부동산

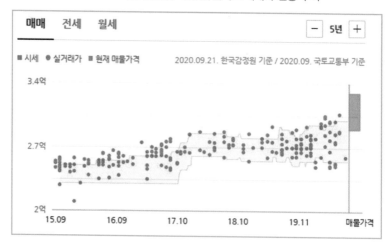

• 2015~2020년 인천관교한신휴플러스 매매가 변동 추이 •

출처: 네이버부동산

이번에는 GTX-B노선과 기존 1호선 역세권 아파트를 비교해보자. 다음은 GTX-B노선이 정차하는 부평역 역세권 아파트와 기존 1호선이 정차하는 백운역 역세권 아파트의 위치를 표시한 지도와 비교 표, 2015~2020년 매매가 변동 추이를 나타낸 그래프다. 자세히 살펴보면 부평역 역세권 아파트인 부평두산위브는 단기간에 약 7천만 원이 상승한 반면, 백운역 역세권 아파트인 인천부평대주파크빌은 상대적으로 상승폭이 작은 것을 알 수 있다.

• GTX-B노선 부평역 역세권 아파트와 1호선 백운역 역세권 아파트 위치 •

출처: 카카오맵

• 부평역과 백운역 역세권 아파트 비교 표 •

아파트명	세대수	준공연도	특이사항
부평두산위브	280	2005년	GTX-B노선 부평역 역세권
인천부평대주파크빌	312	2001년	1호선 백운역 역세권

출처: 네이버부동산

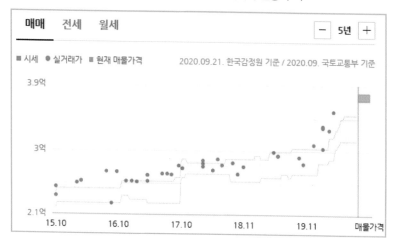

• 2015~2020년 부평두산위브 매매가 변동 추이 •

출처: 네이버부동산

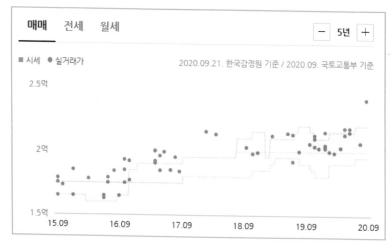

• 2015~2020년 인천부평대주파크빌 매매가 변동 추이 •

출처: 네이버부동산

사례 하나를 더 살펴보자. 다음은 GTX-B노선이 정차하는 인천시청역 역세권 아파트와 인천지하철 2호선이 정차하는 인천가좌역 역세권 아파트의 위치를 표시한 지도와 비교 표, 2015~2020년 매매가 변동 추이를 나타낸 그래프다. 자세히 살펴보면 인천시청역 역세권 아파트인 간석극동은 1989년에 준공한 아파트임에도 단기간에 1억 원 가까이 상승했다. 반면, 인천가좌역 역세권 아파트인 신현대는 같은 기간 동안 가격이 거의 상승하지 않았다.

• GTX–B노선 인천시청역 역세권 아파트와 인천지하철 2호선 인천가좌역 역세권 아파트 위치 •

출처: 네이버지도

• 인천시청역과 인천가좌역 역세권 아파트 비교 표 •

아파트명	세대수	준공연도	특이사항
간석극동	760	1989년	GTX–B노선 인천시청역 역세권
신현대	343	1995년	인천지하철 2호선 인천가좌역 역세권

출처: 네이버부동산

• 2015~2020년 간석극동 매매가 변동 추이 •

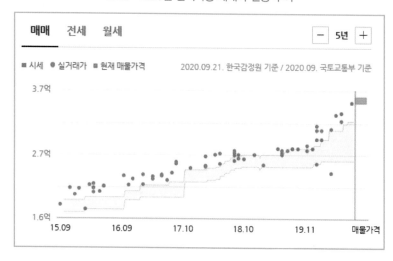

출처: 네이버부동산

• 2015~2020년 신현대 매매가 변동 추이 •

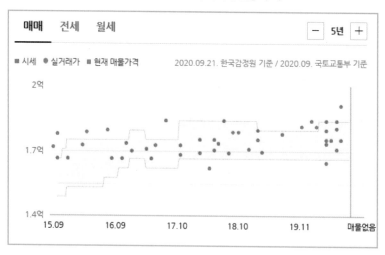

출처: 네이버부동산

즉 막대한 외부 투자자금이 유입되어도 인천광역시 전체에 영향을 미치지는 않았다. 미래가치가 있다고 판단되는 곳은 투자 수요가 넘쳐 단기간에 가격이 올랐고, 상대적으로 그렇지 못한 곳은 외부 투자 수요가 거의 미치지 않아 가격 변동이 크지 않았다.

역세권이라도 오르는 아파트는 따로 있다

지금까지 설명한 내용을 정리해보자. 인천광역시에서 미래가치를 생각한다면, 당연히 역세권 아파트를 선택해야 한다. 이때 결정적으로 동일한 스펙을 가진 아파트라 하더라도 GTX-B노선이 아닌, 기존 서울지하철 1호선과 인천지하철은 그 노선 자체만으로는 서울 접근성 향상에 도움을 주지 못하기 때문에 미래가치를 기대하기 힘들다. 이런 격차가 발생한 이유는 앞서 설명한 조건을 갖춘 아파트에만 투자 수요가 집중되었기 때문이며, 해당 조건을 갖춘 아파트는 앞으로도 선호도가 높아 완만한 상승세를 이어갈 전망이다.

그럼 현재 인천광역시 구도심에서 강세를 보이고 있는 GTX-B노선 역세권 아파트는 앞으로도 이 분위기를 계속 이어갈 수 있을까? 최근 인천광역시 구도심에 있는 아파트 가격이 급격하게 상승했던 요인을 제대로 파악하고, 그 요인이 소멸되었는지를 체크하면 이 물음에 대한 답을 얻을 수 있다.

지금부터 하나하나 짚어보자. 첫째, 인천광역시는 비규제 지역이

라는 장점 때문에 단기에 투자자본을 끌어들일 수 있었다. 현재는
6·17 부동산 대책으로 투기과열지구로 지정됨에 따라 비규제 지역
프리미엄이 사라졌다. 둘째, GTX-B노선이 착공 및 개통되기까지는
시기를 정확하게 예측하기 힘들 정도로 많은 시간이 남아 있다. 상황
에 따라 일정이 변동될 가능성까지 감안하면, 분명 아직 상당한 시간
이 남아 있다.

여러 차례 강조했듯 부동산은 완성되었을 때보다 변화하는 과정에
서 더 많은 가치가 상승한다. 그런 의미에서 본다면 GTX-B노선은
여전히 변화 중이고, 앞서 언급한 두 가지 요소 중에서 한 가지가 남
아 있는 상태이므로, GTX-B노선 역세권 아파트의 상승 여력은 여
전히 남아 있다고 볼 수 있다.

• GTX-B노선 예상 노선도 •

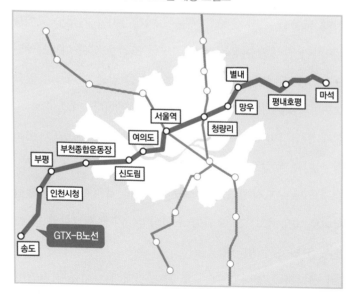

대규모 공급 물량에
주의하자

다만, 한 가지 주의해야 할 것이 있다. 인천광역시에 GTX-B노선 정차역이 신설되는 곳은 세 곳인데, 그중 송도역을 제외하면, 인천시청역과 부평역이 남는다. 먼저 부평역 주변은 불과 5㎞ 정도 떨어진 곳에 대규모 3기 신도시가 2개나 조성된다는 점을 감안해야 한다.

• 계양신도시와 대장신도시 예정 구역 •

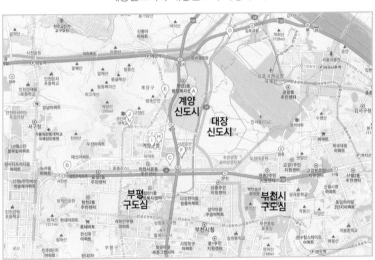

출처: 네이버지도

예정된 공급 세대는 계양신도시가 1만 7천 세대, 대장신도시가 2만 세대로 총 3만 7천 세대이며, 한 가구당 3명이 거주한다고 가정하면 10만 명에 가까운 인구가 3기 신도시로 입주하게 된다. 신도시 조성 사업은 정비 사업과 달리 기존 조합원이 없고, 66만㎡ 이상 대규모 택지개발지구 1순위 청약 조건상 인천광역시 거주자가 최우선으로 입주한다. 따라서 3기 신도시에 입주할 대부분의 인구는 주변 구도심에서 이주하게 될 것이다. 계양신도시를 기준으로 넉넉잡아 5㎞ 이내에 들어오는 구축 아파트는 신도시로 상당수 수요를 뺏길 가능성이 있어 부담스러운 상황이다. 같은 이유로 대장신도시 주변 부천시 구도심도 영향을 받게 될 것이다.

GTX 개발호재로 부평역 주변 아파트를 눈여겨보고 있다면, 본격적으로 계양신도시 입주가 시작하는 2025년 전후로 그동안 늘 강조했던 부동산이 변화하는 과정 중에 찾아오는 몇 번의 매도 시기 중 하나라고 생각하고 매도를 고민해봐도 좋다.

인천시청역 역시 주변에 많은 공급 물량이 계획되어 있지만, 내막을 들여다보면 부평역과는 상황이 다르다. 인천시청역 주변은 크고 작은 정비 사업 구역이 8곳이 있다. 표면적인 공급 세대수는 약 1만 3천 세대라 많아 보이지만, 정비 사업은 신도시 조성 사업과 달리 대부분의 공급 세대에 기존 조합원이 다시 입주하게 된다. 기본적으로 분양가가 높은 지역에서는 높은 분양가를 감당하지 못한 조합원들이 자격을 포기하는 경우도 제법 있지만, 인천광역시는 분양가를 아무리 높게 잡아도 기존 조합원이 대거 이탈할 정도로 책정될 가능성이 없기 때문에 조합원이 그대로 입주하는 경우가 많을 것이다.

• 인천시청역 주변 정비 사업 현황 •

	주안4	주안10	미추8	백운	성락	상인천	다복	우신	계
세대수	1,856	1,150	2,910	728	470	2,606	1,115	1,910	약 1만 3천 세대
조합원 수	988	287	863	210	264	1,600	607	1,511	
일반 분양 비율	47%	75%	0%	71%	44%	39%	46%	21%	약 4천 세대
입주 예상 연도	2022년	2022년	미정	2022년	미정	미정	2022년	미정	

출처: 인천광역시(2021년 1월 기준)

• 인천시청역 주변 정비 사업 구역 •

출처: 네이버지도

인천시청역 주변 8개 정비 사업 구역 약 1만 3천 세대 중에서 일반
분양 물량은 4천 세대가 조금 넘는 수준이다. 객관적으로 보면 4천

세대는 많은 물량이지만, 공급 물량은 단순 수치보다는 지역과 주변 수요를 감안해 과잉 또는 부족을 판단해야 한다. 인천시청역 주변 도심 규모를 감안하면 4천 세대 정도는 주변 아파트 가격이 조정받을 정도는 아니라고 판단된다. 설령 조정을 받는다 해도 기간이 짧을 것이며, 일시적 하락폭 또한 미미한 수준일 것이다. 물론 정비 사업 구역 내 구도심을 철거하는 동안 주변 아파트로 이주해 있던 기존 조합원들이 본격적으로 입주하기 시작하면 일시적으로 전세가가 조정받을 가능성이 크지만, 아파트 매매가에는 그다지 큰 영향을 미치지 않을 것으로 보인다.

투자 포인트 전격 분석

♟ 부평역 인근 계양신도시에 공급될 약 1만 7천 세대는 공급 세대 대부분을 주변 구도심에서 채워야 한다. 그로 인해 상당한 수요가 이동할 것이고, 이는 주변 구도심에 부담으로 작용할 것이다. 반면 인천시청역 주변 정비 사업 구역은 공급 세대의 70% 정도는 기존 조합원이 입주하게 되므로, 실질적인 공급 물량이 많지 않다. 인천광역시는 약 294만 명이 사는 대도시이지만, 세밀하게 살펴보면 이 책에서 소개한 여느 도시보다 단순하게 접근할 수 있다.

♟ 인천광역시는 서울과 상당한 거리를 두고 있고, 기존 어느 교통망을 이용하더라도 서울 접근성이 좋지 않다. 이런 치명적인 한계가 오랜 시간 큰 주목을 받지 못했던 원인이므로, 인천광역시의 미래가치를 높이기 위해서는 서울 접근성 개선이 무엇보다 중요하다.

♟ 인천광역시에서 서울 접근성이 획기적으로 좋아지는 지역의 아파트를 매입한다면, 시간이 흐를수록 생활 편의와 함께 가격 상승도 경험할 수 있을 것이다. 인천광역시는 무조건 역세권 아파트가 좋다는 생각으로 접근해서는 실패를 맛볼 가능성이 크다. 인구도 많고, 면적도 넓은 지역이지만 가치 있는 아파트는 지극히 한정적이라는 사실을 잊지 말아야 한다.

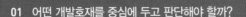

3부

전문가의 시각을 나의 것으로! 부동산 시장을 바라보는 혜안을 갖는 법

부동산의 가치를 평가하고, 적절한 매수 및 매도 타이밍을 정하기 위해서는 그 무엇보다 나만의 기준을 명확하게 세우는 것이 중요하다. 나만의 기준이 명확하게 세워져 있으면 강력한 부동산 규제 정책에도 불안하지 않고, 주변의 이런저런 소문에도 흔들리지 않는다. 또한 시점이 명확하기 때문에 자금 운용에도 훨씬 여유가 생긴다. 3부는 주변의 많은 방해 요소에도 불구하고, 나만의 기준을 확고히 하는 눈을 키울 수 있는 내용들로 구성했다. 부동산 입지 분석에 중요한 내용이니 주의 깊게 반복해서 읽기를 당부한다. 남들 눈에는 보이지 않지만 내 눈에는 보이는 부동산의 숨은 가치를 확인할 수 있을 것이다.

어떤 개발호재를
중심에 두고 판단해야 할까?

개발호재가 많아도 고민!
어느 타이밍에 사고, 팔아야 할까?

내 집 주변에 개발호재가 하나만 있어도 만세를 부를 일인데, 경우에 따라 새로운 전철 노선이 2개 이상 겹치는 일도 있고, 교통 개발호재와 더불어 대규모 문화시설과 상업시설이 함께 들어오는 경우도 있다. 개발호재가 많을수록 주변 아파트 가치 상승에 큰 도움이 된다. 하지만 각 개발 계획의 세부 진행 일정이 다르기 때문에 아파트를 언제 사고, 언제 팔아야 하는지 명확한 판단을 내리는 데 혼란을 주기도 한다.

표본으로 삼기에 좋은 서울시 도봉구 소재 창동역과 수원시 소재 수원역, 이렇게 2곳을 참고해 애매한 상황에서도 흔들리지 않고 나만의 매수 및 매도 타이밍을 잡는 기준을 정해보도록 하자. 먼저 두 역 주변에서 진행 중인 개발호재들과 일정을 정리한 표를 살펴보자.

• 창동역과 수원역의 개발호재와 사업 일정 •

창동역		
	개발호재	사업 일정
GTX-C노선	경기도 양주시 덕정역과 경기도 수원시 수원역을 연결하는 광역 고속철도	• 2018년 12월 예비타당성 조사 통과 • 2021년 착공 예정
서울아레나	K팝 콘서트 전문 공연장을 비롯해 중형 공연장, 영화관, 레스토랑 등을 함께 조성하는 복합문화시설	• 2020년 12월 착공 • 2023년 준공 예정
창동 창업 및 문화산업단지	창동역 환승 주차장 부지에 조성되는 일자리·문화 산업의 거점이자 산업 생태계 기반이 될 핵심 시설	• 2019년 9월 착공 • 2023년 준공 예정

수원역		
	개발호재	사업 일정
GTX-C노선	경기도 양주시 덕정역과 경기도 수원시 수원역을 연결하는 광역 고속철도	• 2018년 12월 예비타당성 조사 통과 • 2021년 착공 예정
수인선	인천광역시 인천역과 경기도 수원시 수원역을 연결하는 광역도시철도	• 2004년 12월 착공 • 2020년 9월 개통
분당선	서울시 청량리역과 경기도 수원시 수원역을 연결하는 광역도시철도	• 2006년 12월 착공 • 2013년 11월 개통

출처: 국토교통부, 서울특별시, 수원시(2021년 1월 기준)

창동역과 수원역 주변은 여러 개발호재로 인근 아파트 가치가 꾸준히 상승하고 있는 대표적인 지역이다. 우선 창동역 주변의 세 가지 대형 개발호재를 살펴보자. GTX-C노선은 경기도 양주시 덕정역에서 경기도 수원시 수원역을 연결하는 노선으로, 총 74.2㎞에 걸쳐 정거장 10개소가 설치된다. 최초 계획안은 의정부역에서 금정역까지 연결하는 것이었지만 사업성을 확보하지 못했고, 노선을 양주시와 수원시로 연장하는 방법으로 수익성을 높이면서 2018년 12월에 예비타당성 조사를 통과했다.

서울아레나는 서울의 대표적인 베드타운으로 인식된 도봉구의 이미지를 바꾸기 위해서는 문화가 필요하다는 생각으로, 음악 문화 중심 도시가 될 것이라는 비전으로 추진하는 사업이다.

창동 창업 및 문화산업단지는 주변 문화시설과 협력해 도봉구를 포함한 서울 동북권의 균형 발전을 이끌어갈 것으로 기대하고 있다. 건물의 저층부에 지역 주민을 위한 편의시설을 설치하고, 지하는 추후 조성할 복합환승센터와 서울아레나 등 주변 시설과 직접 연결해 복합 문화시설로써 시너지를 낸다는 계획이다.

이번에는 수원역 주변의 대형 개발호재를 살펴보자. 수인선은 인천역과 수원역을 연결하는 광역도시철도이고, 분당선은 서울시 청량리역에서 분당시와 용인시를 거쳐 수원역으로 연결하는 광역도시철도다. 수인선은 2020년 9월에 전면 개통되어 기존 분당선과 연결되면서 수인분당선이라는 이름으로 운행되고 있다. 상호 직결 체제로 서로 다른 노선이지만, 하나의 노선처럼 연결해 운행 중이다.

개발호재,
아파트 가격에 얼마나 영향을 미칠까?

지금부터는 창동역 반경 500m 이내의 아파트 2곳, 수원역 반경 500m 이내의 아파트 2곳의 최근 7년간 가격 변동 추이를 살펴보며 개발호재들이 어떤 영향을 미쳤는지 알아보자. 특정 개발호재가 주변 아파트 가치 상승에 결정적인 영향을 미쳤다면, 다른 개발 계획이나 정상적인 물가 상승에 편승한 완만한 상승보다 더 큰 가격 상승이 있었을 것이다.

• 2014~2020년 창동역 반경 500m 이내 A아파트 가격 변동 추이 •

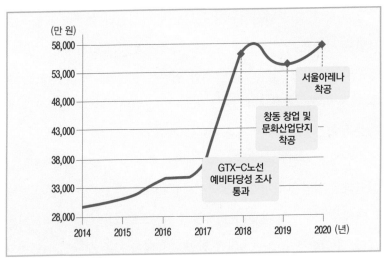

출처: 네이버부동산

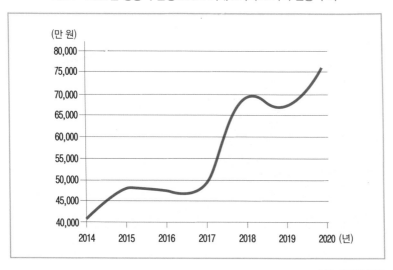

• 2014~2020년 창동역 반경 500m 이내 B아파트 가격 변동 추이 •

(만 원)

출처: 네이버부동산

서울아레나는 2020년 12월에 착공했고, 2023년에 준공될 예정이다. 2023년은 아직 도래하지 않아 정확한 영향을 알 수 없지만, 서울아레나가 공식 착공한 2020년 12월을 기준으로 보면, A아파트와 B아파트 모두 물가상승률 정도의 완만한 상승 외에 눈에 보일 만한 가격 상승은 없는 것을 알 수 있다.

창동 창업 및 문화산업단지를 공식 착공한 2019년 9월에도 뚜렷한 상승보다는 오히려 다른 외부 요인에 의해 일시적 조정을 받은 것을 알 수 있다. 즉 두 대형 개발호재는 창동역 주변 아파트 가격을 좌지우지할 만큼의 영향을 주지 못하고 있다.

그렇다면 GTX-C노선은 어떨까? GTX-C노선은 사업 자체를 확정짓는 예비타당성 조사를 2018년 12월에 통과했고, 2021년에 착공 예정이다. A아파트와 B아파트의 가격 변동 추이를 보면, GTX-C노선이 예비타당성 조사를 통과한 시점인 2018년 말 전후로 전후로 두 아파트 모두 다른 개발호재의 주요 공사 일정이 있었던 시점보다 월등히 큰 상승폭을 보인 것을 알 수 있다.

창동역의 사례를 통해 문화시설이나 산업단지보다는 교통 개발호재가 주변 아파트 가격 변동에 더 큰 영향을 미친다는 사실을 알 수 있다. 그렇다면 서울에 보다 편리하게 도달할 수 있는 교통 개발호재면 주변 아파트 가격 상승에 큰 도움이 된다고 이해해도 좋을까? 이번에는 교통 개발호재가 많은 수원역의 사례를 살펴보자.

• 2013~2020년 수원역 반경 500m 이내 C아파트 가격 변동 추이 •

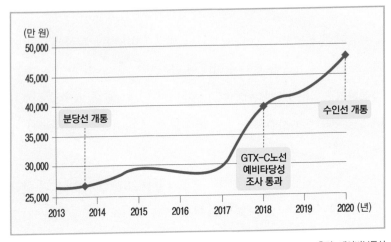

출처: 네이버부동산

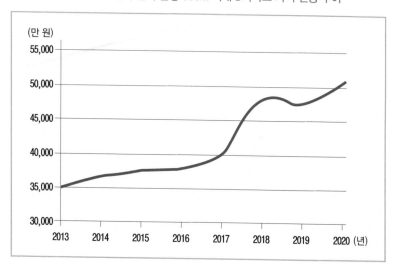

• 2013~2020년 수원역 반경 500m 이내 D아파트 가격 변동 추이 •

분당선은 2006년 12월에 착공했고, 2013년 11월에 개통됐다. 분당선이 공식적으로 개통된 2013년 11월을 기준으로 보면, C아파트와 D아파트 모두 물가상승률 정도의 완만한 상승 외에 눈에 보일 만한 가격 상승은 없는 것을 알 수 있다.

수인선이 공식 개통된 2020년 9월에도 뚜렷한 상승은 보이지 않는다. 즉 서울로 환승 없이 접근이 가능하지만 기존 교통망 대비 접근 시간이 크게 줄어들지 않는 분당선과 아예 서울로 연결되지 않는 수인선은 수원역 주변 아파트 가치를 높이는 데 큰 역할은 하지 못한다고 볼 수 있다.

그렇다면 GTX-C노선은 어떨까? C아파트와 D아파트의 가격 변동 추이를 보면, GTX-C노선이 예비타당성 조사를 통과한 시점인

2018년 말 전후로 두 아파트 모두 다른 두 노선이 개통된 시점보다 월등히 큰 상승폭을 보인 것을 알 수 있다.

수원역의 사례를 통해 서울로 환승 없이 이동 가능한 노선이라 해도 서울 접근성이 개선되지 않는다면 주변 아파트 가격에 큰 영향을 미치지 못한다는 사실을 알 수 있다. 또한 교통 개발호재 중에서도 기존 교통망과 비교했을 때 서울 접근성을 획기적으로 개선해줄 노선이 아파트 가격에 큰 영향을 미친다는 사실을 알 수 있다. 따라서 여러 개발호재가 혼재된 지역에서 매매 타이밍을 잡을 때는 다른 호재보다도 교통 호재, 교통 호재 중에서도 서울 업무 중심지로의 접근성이 높은 광역고속철도 노선을 주의 깊게 살필 필요가 있다.

집값이 떨어지면
정말 내 집 마련을 할 수 있을까?

인구가 줄어들면
집값도 떨어질까?

앞으로 경기도를 비롯한 우리나라의 집값은 떨어질까, 계속 오를까? 이 질문에 대한 답을 미리 하면 경우에 따라 떨어지기도 하고, 계속 오르기도 할 것이다. 자세히 살펴보자. 집값이 떨어질 것이라 주장하는 사람들이 공통적으로 내세우는 근거는 바로 인구 감소다.

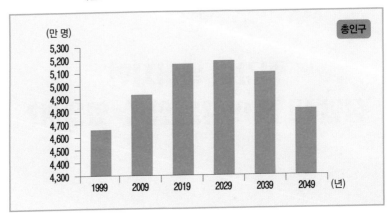

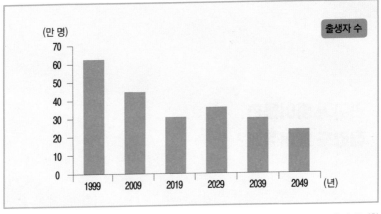

출처: 통계청

위의 그래프를 통해 알 수 있듯, 지금까지는 인구가 조금씩이라도 늘었지만, 가까운 미래에는 인구가 줄어들 전망이다. 이를 근거로 생각하면 인구 감소로 인한 집값 하락은 일리가 있어 보인다.

그렇다면 정말 인구가 감소하면 집값이 하락할까? 인구가 줄어든다

264

는 것은 집값을 견인할 수요가 줄어든다는 것이고, 수요가 줄어들면 거래량이 감소해 결국 집값은 하락한다는 논리 자체는 문제가 없다.

하지만 중요한 사실이 하나 있다! 인구는 예견되는 시점부터 감소할지 몰라도, 가구 수는 줄지 않거나 오히려 늘어날 것이다. 부모로부터 독립한 가구, 비혼 가구, 이혼 가구 등으로 1인 가구 수가 점점 늘고 있다. 이런 현상은 대형 아파트보다는 30평형 이하 중소형 아파트 가격 상승의 주도적 역할을 하고 있다.

그러나 이렇게 가구 수가 늘어나는 기간도 언젠가는 멈추고 감소세로 돌아설 것이다. 정확한 것은 누구도 알 수 없지만, 인구가 줄어드는 시기로부터 수년 후 정도로 예상된다. '그렇게 되면 가구 수도 감소하니 결국 집값 하락은 면치 못하는 거 아닐까?'라는 생각이 들겠지만, 여기서부터는 한 가지를 더 생각해야 한다.

이미 예견된 일부 지역의 집값 하락

실제로 인구가 줄고 가구 수마저 줄어드는 시기가 온다면, 이때는 일부 지역의 집값 하락을 대비해야 한다. 사실 멀리 갈 것도 없다. 지금도 지방의 일부 지역은 인구 감소로 집값 하락의 직격탄을 맞고 있다. 그런데 여기서 유의해야 할 것은 우리나라 전체 인구 감소가 아니라, 특정 지역의 인구 감소라는 점이다. 단순하게 몇 명이 태어나고 몇 명이 죽는 개념이 아니라, 해당 지역으로 몇 명이 전입하고 전출했는지의 문제라는 것이다.

예를 들어보도록 하겠다. 특정 지역에 1만 명이 살고 있었다. 그런데 전출이 많아 인구가 5천 명으로 줄었다면, 이 지역의 집값은 어떻게 될까? 3인 가구 기준으로 1만 명이 살았다고 가정하면 대략 3,300가구가 있었을 것이다. 그런데 인구가 5천 명으로 줄었다면 약 1,700가구가 줄어들고, 결과적으로 약 1,600가구는 공실이 된다. 상황이 이렇게 되면 집이 필요한 사람 수보다 공실이 더 많아 가격은 하락할 수밖에 없다.

이번에는 반대의 경우를 생각해보자. 경기도 주요 지역은 매년 전입 인구가 꾸준히 증가하고 있다. 만약 특정 지역이 전입으로 인해 인구가 5천 명이 늘어났다면, 이 지역의 집값은 어떻게 될까? 집이 절대적으로 부족한 상황이므로 매물이 나오기만 하면 서로 계약하려 할 것이고, 매물을 내놓을 계획이 있는 사람은 어차피 거래가 잘될 테니 조금씩 가격을 올릴 것이다. 이 경우는 집의 수보다 집을 찾는 사람 수가 더 많아 가격이 상승할 수밖에 없다.

결국 단순하게 인구가 늘어나면 집값이 오르고, 인구가 줄어들면 집값이 떨어질 것이라 생각하는 것은 무리가 있다. 사람들이 선호하는 지역이 있고, 그렇지 않은 지역이 있기 때문이다. 앞으로 이런 흐름은 더욱 심화될 것이다. 인구가 조금씩 줄어든다 해도 수요 초과로 집값이 상승할 지역은 언제나 존재할 것이다.

나만의 기준으로
매수·매도 계획을 세워라

여기까지 기본적인 원리를 이해했다면 이제부터는 현실적인 이야기를 해보자. 기본적인 시장 원리는 지역에 따라 집값이 올라가는 곳과 떨어지는 곳이 구분이 되겠지만, 또 모를 일이다. 과거 외환위기와 같이 나라 전체가 경제적 공황 상태가 되면 지역에 따라 하락폭의 차이는 있겠지만, 그때는 정말 우리나라 전체 집값이 하락할지도 모른다. 실제 과거에도 우리나라 전체 집값이 하락했었다.

심한 지역은 가격이 정점일 때를 기준으로 30% 이상 하락한 곳도 있었다. 그렇다면 과연 그때 그 지역 사람들은 모두 내 집 마련을 했을까? 30%면 6억 원인 아파트가 2억 원 가까이 하락했다는 뜻인데, 이 정도면 길에서 집을 줍는 기분으로 편하게 매수할 수 있지 않았을까? 뚜렷한 통계가 없어 수치로 표현할 수는 없지만, 아마도 많은 사람이 집을 마련하지 못했을 것이다. 그 이유는 아주 기본적인 심리 때문이다.

주변 개발호재에 대한 이해와 집값 흐름에 대한 기본적인 공부가 되어 있지 않다면, 사람은 기본적으로 집값이 하락세일 때는 더 떨어질 것 같아서 못 사고, 상승세일 때는 너무 많이 오른 것 같아서 못 산다. 그리고 실제 집값이 떨어지더라도 언제 사야 할지 결단을 내리지 못한다.

예를 들어 1년 전에 4억 원이던 아파트가 5억 원까지 상승했었는데 외부 악재로 일시적 가격 조정을 받아 4억 5천만 원까지 하락했다면, 최고가 대비 5천만 원이나 하락했으니 너도나도 쉽게 살 것 같지만, 1년 전 가격도 생각나고 더 떨어질 것 같은 불안감에 쉽게 매수를 하지 못한다. 사람들은 아파트 가격이 더 떨어질 것이라는 기대감에 조금 더 기다리지만, 이 아파트는 가격 조정기를 끝내고 반등해 기존 최고가인 5억 원을 돌파한 후 꾸준히 오른다. 과거 외환위기 때도 그랬고, 글로벌 금융위기 때도 그랬다. 결국 집값이 떨어져도 과감하게 매수하는 사람은 많지 않다는 뜻이다.

시장 흐름과 원리와는 상관없이 언젠가는 집값이 속절없이 떨어질 것이라는 막연한 기대감을 갖고 있는 사람들에게 묻고 싶다. 지금 관심 있게 보고 있는 아파트가 얼마까지 떨어지면 매수하겠다는 구체적인 기준이 있는가? 명확한 기준이 없다면, 지금은 물론 앞으로도 내 집 마련은 힘들다. 시장 흐름을 감안해 이 정도면 살 것이고, 또 이 정도면 팔 것이라는 나만의 기준이 필요하다. 이 기준은 충분한 공부와 경험을 통해 세워야 한다. 이 책을 읽는 여러분은 미리 나만의 기준을 세우고, 소중한 내 집 마련 시기를 놓치는 우를 범하지 않길 바란다.

전철 노선의 환승 체계를 고려하면
더 많은 가치가 보인다

경기도에 집중된
철도 계획

현재 활발히 진행 중이거나, 진행 예정인 철도 계획은 대부분 경기도에 집중되어 있다. 서울은 이미 충분한 노선이 운행 중이고, 그동안 대중교통이 취약했던 서울의 소수 지역도 경전철 공사가 한창이라 서울 전역을 전철로 이동 가능한 날도 머지않았다. 반면 지방은 광역시 주요 지역을 제외하고는 사업의 필요성 및 타당성을 얻지 못해 극히 일부만 전철이 운행되고 있는 실정이다.

그만큼 경기도에 많은 인구가 살고 있고, 매년 증가폭 또한 꾸준하다는 뜻인데, 현재 경기도에서 사업이 진행 중인 노선도 가치가 있는 노선과 상대적으로 가치가 낮은 노선이 있다. 그러나 노선 자체의 가치는 다소 낮을지라도 환승 체계를 고려하면 숨어 있는 가치가 보이고, 실제 주변 아파트 시세 또한 가치가 높은 노선의 직접 역세권 못지않게 높은 가격이 형성되어 있는 경우도 있다.

GTX-A, C노선 vs GTX-B노선

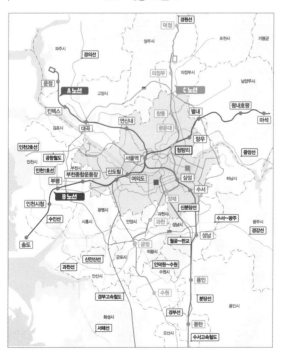

• GTX 예상 노선도 •

GTX 노선 도입으로 그동안 서울 강남으로 출퇴근이 힘들었던 경기도 외곽 지역에서 환승 없이 20분 내외에 강남에 도달할 수 있다는 소식이 퍼지자 벌써부터 주변 집값이 들썩이고 있다. 물론 강남으로 바로 연결되지 않는 B노선이 강남으로 바로 연결되는 A와 C노선에 비해 가치가 낮은 것은 사실이다. 그러나 GTX 각 노선이 예비타당성 조사를 통과해 사업이 확정된 이후 아파트 가격 변동 추이를 살펴보면, 상대적으로 가치가 낮다고 평가한 B노선 역세권 아파트의 가격상승률도 다른 노선 역세권 아파트 못지않다는 것을 알 수 있다.

• GTX-C노선 역세권 아파트 가격 변동 추이 •

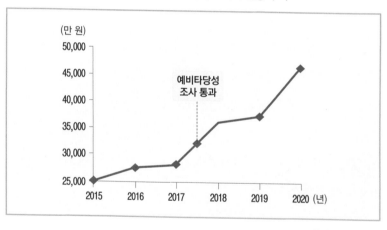

출처: 네이버부동산

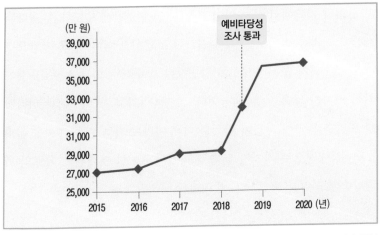

· GTX-B노선 역세권 아파트 가격 변동 추이 ·

 GTX-C노선 역세권 아파트의 가격 변동 추이를 살펴보면, GTX-C노선이 예비타당성 조사를 통과하고 직접 영향을 받기 시작한 2018년에 급격하게 가격이 상승한 것을 알 수 있다. GTX-B노선 역세권 아파트 역시, GTX-B노선이 예비타당성 조사를 통과하고 직접 영향을 받기 시작한 2019년에 급격하게 가격이 상승했다. 그 이유는 무엇일까?

 바로 환승 체계 때문이다. 비록 노선 대 노선을 비교하면 가치 차이가 있지만, 환승까지 고려하면 노선의 효율이 비슷하다고 보는 것이다. GTX-B노선을 이용해 평내호평역에서 삼성역까지 출근하는 경우를 살펴보자. GTX-B노선으로 청량리역까지 이동한 후에 GTX-C노선으로 환승하면 단 한 번의 정차 없이 삼성역에 도달할 수 있다. 반대편 송도역이나 인천시청역에서 출근하는 경우도 마찬

가지다. 일단 서울의 업무 중심지인 여의도까지는 환승 없이 도달 가능하니 GTX-A노선이나 GTX-C노선이 오히려 더 효율적이고, 송도역에서 신도림역까지 10분 이내에 도달한 후에 서울의 핵심 노선인 2호선으로 환승해 강남 접근이 가능하다. 이 경우 30분이 채 걸리지 않는다. 참고로 현재 교통 체계로는 송도에서 강남까지 2시간 가까이 걸린다.

GTX-B노선 vs 인천지하철 2호선

이 책을 여기까지 읽었다면, 서울까지 빠른 속도로 접근이 가능한 GTX-B노선과 서울 접근성이 그다지 좋지 않은 인천지하철 2호선은 단순 비교 대상이 아니라는 것쯤은 알 수 있을 것이다. 그런데 이번에도 환승 체계를 고려하면 상대적으로 가치가 덜한 인천지하철 2호선의 역세권 아파트라 해도 마냥 가치가 낮지는 않다는 것을 알 수 있다.

먼저 GTX-B노선 역세권 아파트와 한 정거장만 이동하면 쉽게 GTX로 환승이 가능한 인천지하철 2호선 역세권 아파트의 가격 변동 추이를 살펴보자.

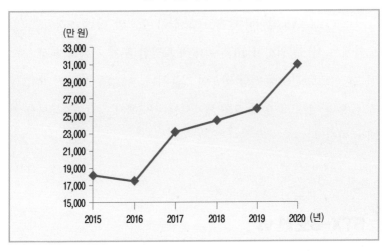

• GTX-B노선 역세권 아파트 가격 변동 추이 •

• 인천지하철 2호선 역세권 아파트 가격 변동 추이 •

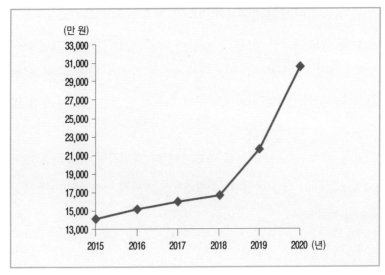

인천지하철 2호선 역세권 아파트는 비록 GTX-B노선의 직접 영향권에서는 벗어나 있지만, 환승 체계의 수혜를 입어 GTX 역세권 아파트와 가격 흐름을 함께하고 있다.

그렇다면 이번에는 인천지하철 2호선 역세권 아파트 중에서 GTX-B노선으로 쉽게 환승이 가능한 역세권 아파트와 그렇지 않은 아파트의 가격 변동 추이를 살펴보자.

• GTX-B노선으로 환승이 쉬운 인천지하철 2호선 역세권 아파트 가격 변동 추이 •

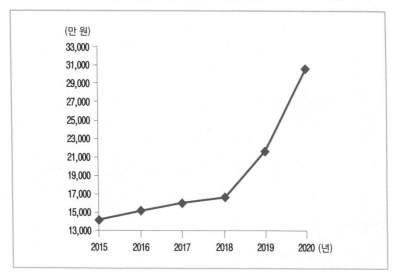

출처: 네이버부동산

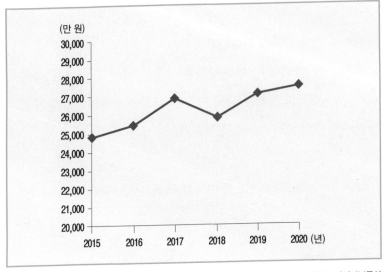

출처: 네이버부동산

두 아파트는 모두 인천지하철 2호선 역세권에 위치해 있지만, 일반 인천지하철 2호선 역세권 아파트는 가격 변동이 거의 없는 반면, GTX-B노선으로 쉽게 환승이 가능한 역세권 아파트는 GTX 역세권 아파트와 가격 흐름을 함께한다는 것을 알 수 있다.

정리하면, 단순히 노선 자체의 가치만을 고려하기보다 환승 체계까지 생각하면, 향후 가치가 상승할 아파트를 보는 시야가 더욱 넓어질 것이다. 그런 아파트는 서울 접근성이 좋은 역세권 아파트보다는 주목을 덜 받겠지만, 가격 흐름을 함께한다는 점에서 미래가치가 높다. 또 하나의 틈새시장이라 할 수 있다.

정부는 왜 유독 주택만 강력하게 규제하는 것일까?

점점 심해지는 정부의 주택 규제, 대응 전략은?

현 정부는 주택에 대해 전례 없이 강한 규제책을 펼치고 있다. 그런데 유독 두드러져 보일 뿐, 이전에도 다른 부동산에 비해 주택을 강력하게 규제해온 것이 사실이다. 그렇다면 실제로 얼마나 부담이 늘어나게 될까? 정책을 구체적으로 설명하기보다는 실제로 어느 정도 규제가 가해지고 있는지 최근 발표된 부동산 대책을 통해 간접 체험을 해보도록 하자.

정부의 주택 규제
① 종합부동산세

• 종합부동산세율 •

시가 (다주택자 기준)	과세표준	2주택 이하 (조정대상지역 2주택 제외, %)		3주택 이상 + 조정대상지역 2주택(%)		
		현행	12·16 대책	현행	12·16 대책	개정
8억~12억 2천만 원	3억 원 이하	0.5	0.6	0.6	0.8	1.2
12억 2천~ 15억 4천만 원	3~6억 원	0.7	0.8	0.9	1.2	1.6
15억 4천~ 23억 3천만 원	6~12억 원	1.0	1.2	1.3	1.6	2.2
23억 3천~ 69억 원	12~50억 원	1.4	1.6	1.8	2.0	3.6
69억~ 123억 5천만 원	50~94억 원	2.0	2.2	2.5	3.0	5.0
123억 5천만 원 초과	94억 원 초과	2.7	3.0	3.2	4.0	6.0

출처: 국토교통부(2021년 1월 기준)

첫 번째는 종합부동산세다. 비규제 지역의 3주택 이상 그리고 조정대상지역의 2주택부터 적용 대상이지만, 미래가치가 높은 주택은 대부분 서울과 경기도에 몰려 있기 때문에 사실상 2주택부터 종합부동산세 과세 대상이 된다고 생각해도 무리가 아니다. 조정대상지역 2주택 이상의 최대 종부세율은 6%다. 기존 3%의 두 배나 되기 때문에 어마어마한 세금을 내는 것처럼 보이지만, 사실상 시가 기준으로 123억 5천만 원 이상의 주택이 대상이기 때문에 일반 사람들은 관련이 없다.

그러나 누진세 구간을 현실적인 수준으로 낮춰보면 이야기가 달라진다. 시가 기준으로 2주택 이상 합쳐 12억 2천~15억 4천만 원 미만, 15억 4천~23억 3천만 원 미만 구간에 해당하는 사람은 서울과 수도권에 상당수 있을 것이다. 정부가 2019년 12월 16일에 발표한 부동산 대책으로 각각 1.2에서 1.6으로, 1.6에서 2.2로 세율이 0.4~0.6% 높아졌다. 0.6%를 기준으로 직접 계산을 해보면, 주택 시세 합계가 20억 원만 되어도 약 1천만 원의 종합부동산세를 더 내야 한다.

정부의 주택 규제 ② 양도소득세

· 양도소득세율 ·

구분		현행			12·16 대책	개정		
		주택 외 부동산	주택·입주권	분양권	주택·입주권	주택·입주권	분양권	
보유기간	1년 미만	50%	40%	조정대상지역 50%, 기타 지역 기본 세율	50%	70%	70%	
	2년 미만	40%	기본 세율		40%	60%	60%	
	2년 이상	기본 세율	기본 세율		기본 세율	기본 세율		
기본 세율		과세표준				기본 세율	누진공제	
		1,200만 원 이하				6%	–	
		1,200만 원 초과~4,600만 원 이하				15%	108만 원	
		4,600만 원 초과~8,800만 원 이하				24%	522만 원	

	8,800만 원 초과~1억 5천만 원 이하	35%	1,490만 원
	1억 5천만 원 초과~3억 원 이하	38%	1,940만 원
기본 세율	3억 원 초과~5억 원 이하	40%	2,540만 원
	5억 원 초과~10억 원 이하	42%	3,540만 원
	10억 원 초과	45%	6,540만 원

출처: 국토교통부(2021년 1월 기준)

두 번째는 양도소득세다. 2020년 7월 10일 이후부터 2년 미만 단기 보유한 주택에 대해서는 양도세가 최대 70%까지 부과된다. 물론 실제 양도소득세는 보다 정밀한 계산 방식을 통해 산출되지만, 이해하기 쉽게 단순 계산상으로만 보더라도 시세 차익이 2억 원이라면 1억 4천만 원 정도의 양도소득세를 내야 한다. 한마디로 거래량을 단기간에 증가시켜 집값을 오르게 할 여지가 있는 단기 매매는 하지 말라는 소리다.

더욱이 단기가 아니라 2년 이상 보유했다 하더라도 조정대상지역에서 2주택은 기본 세율에 20% 중과, 3주택은 기본 세율에 30%를 중과한다. 예를 들어 3주택을 보유한 사람이 시세 차익이 5억 원이라면 5억 원 초과에 해당하는 기본 세율 42%에 30%가 중과되어 양도세율 72%를 적용받는다.

정부의 주택 규제
③ 취득세

· 취득세율 ·

	현행	개정	
	조정, 비조정지역 불문	조정지역	비조정지역
1주택		1~3%	
2주택	1~3%	8%	1~3%
3주택		12%	8%
4주택 이상	4%	12%	12%

출처: 국토교통부(2021년 1월 기준)

　마지막 세 번째는 취득세다. 현재 취득세율 기준으로 보면 주택가액에 따라 1~3%를 적용한다. 서울 중위권 평균 가격인 9억 원을 기준으로 보면, 현행 취득세율 기준으로도 2,900만 원 정도의 취득세를 내는데, 1주택을 보유한 사람이 조정대상지역에서 추가로 시가 9억 원의 아파트를 매입하면 세율 8%를 적용받아 7,900만 원 정도의 취득세를 내야 한다. 2주택을 보유한 사람은 더하다. 시가 9억 원의 아파트를 추가로 매입할 때는 취득세율 12%를 적용받아 무려 1억 2천만 원 정도의 취득세를 내야 한다. 한마디로 부동산 대책 발표 이후로는 다주택자는 물론이고 무주택자라도 비싼 집은 사지 말라는 소리다.

주택,
사야 할까, 팔아야 할까, 보유해야 할까?

최근 부동산 대책에서 특이한 점은 아이러니하게도 취득세와 양도소득세를 동시에 대폭 강화했다는 것이다. 다주택자들이 쥐고 있는 주택이 시장에 매물로 나오도록 유도하려면 양도소득세를 낮춰야 하고, 추가 매입을 막고자 한다면 취득세를 인상해야 한다. 그리고 반대로 무주택자가 쉽게 주택을 취득할 수 있도록 하려면 취득세를 낮춰야 하고, 쉽게 취득한 주택을 단기간에 팔지 못하게 하려면 양도소득세를 인상해야 한다. 즉 원활한 시장 흐름을 유지하고, 궁극적으로 보호해야 할 서민층을 효과적으로 보호하기 위해서는 취득세 강화와 양도소득세 강화가 동시에 이루어져서는 안 된다는 뜻이다.

그런데 이렇게 둘 다 엄청나게 높여버리면 집을 사라는 소리인가, 팔라는 소리인가. 거기에 보유세까지 대폭 인상했으니, 결국은 큰 손실을 감수하고서라도 가장 손실이 적은 방법을 택해 주택을 매도하거나 많은 세금을 내면서 계속 유지하는 수밖에 없다.

여기서 잠깐! 현 정부에서 3년 동안 20번이 넘는 규제를 쏟아냈음에도 주택 외 다른 부동산을 규제한 내용은 그 어느 곳에서도 찾아볼 수 없다. 그렇다면 왜 이토록 주택만 강하게 규제하는 것일까? 이유는 간단하다. 상대적으로 빈번하게 거래가 이루어지고, 거래량과 가격이 투명하기 때문이다. 사람은 상가나 토지를 소유하지 않아도 살아가는 데 아무 지장이 없지만, 주택은 최소한 임차해서라도 갖고 있지 않으면 기본적인 삶 자체가 불가능하다. 즉 주택은 기타 부동산에 비해 거래 자체가 빈번할 수밖에 없고, 누구나 거래 시점과 횟수, 가격을 열람할 수 있기 때문에 그 자료가 기반이 되어 투자 목적으로 주택을 사고파는 현상이 톱니바퀴처럼 맞물려 돌아간다.

토지나 상가는 10년, 아니 100년을 보유해도 양도소득세가 과세 되지만, 주택은 일정 조건을 갖추면 비과세 혜택을 주는 이유는 내가 소유한 주택의 양도소득세 비과세에 필요한 조건을 갖추기까지 거래 를 중단한 것에 대해 나라가 나에게 주는 달콤한 보상인 것이다.

그럼 어떻게 대응해야 할까?

지금까지 발표된 부동산 대책으로 일정 가격 이상의 주택을 소유 한 사람은 사는 것도, 파는 것도, 유지하는 것도 힘든 상황이다. 어느 경우를 선택하든 이전보다는 필연적으로 많은 세금이 발생한다. 이 런 상황에서 사실 주택을 소유한 사람과 서울이나 수도권 주요 지역 에 집을 마련하고자 하는 사람은 선택지가 많지 않은 것이 사실이다. 결국 매도 및 매수 전략은 대폭 강화된 세금과 향후 예상되는 수익을 면밀히 비교해 우위에 있는 쪽을 선택하는 방법이 가장 현실적이다.

먼저 보유하고 있는 주택을 매도하는 경우를 보자. 최근 강화된 양 도소득세 규정을 보면, 2021년 6월까지는 추가 중과세를 유예한다고 했다. 앞으로 가격 상승이 더 기대되는 주택이라면, 일단은 2021년 6월까지 보유한다는 생각으로 해당 주택이 수혜를 입는 주변 개발

계획의 진행 상황과 상호 비교를 해볼 필요가 있다. 아무래도 개발 막바지라면 추가 상승 여력이 크지 않을 것이기 때문에 추가 수익이 중과된 세금보다 적으면 과감하게 매도하는 것이 좋다. 주변 개발호재라고 한다면 대부분 교통 개발호재일 텐데, 이에 대한 정보는 인근 중개사무소나 인터넷을 통해 확인할 수 있다.

이번에는 새로 주택을 매수하는 경우를 보자. 최근 강화된 취득세 규정을 보면, 별도의 유예 기간이 없고, 현재 개정된 규정이 적용 중이다. 이때에도 앞의 경우와 마찬가지로 해당 주택이 수혜를 입는 주변 개발 계획의 진행 상황과 상호 비교해보아야 한다. 아무래도 개발 초기라면 추가 상승 여력이 클 것이기 때문에 향후 가격 상승이 중과된 세금보다 클 것이라 판단되면 과감하게 매수하는 것이 좋다.

수도권 일대에서 진행되고 있는 교통 개발호재에 따라 어느 포인트에서 주택 가격이 상승하고 조정받는지 그 원리를 알아둘 필요가 있다. 이에 대해서는 이 책과 필자의 전작 《GTX시대, 돈이 지나가는 길에 투자하라》, 유튜브 채널 '부동산히어로TV'를 통해 수시로 강조하고 있으니 참고하면 부동산 입지를 보는 눈을 키우는 데 많은 도움이 될 것이다.

같은 기준층이라도 층이 높을수록 세금을 더 많이 낸다?

실제 시세와 공시가격은 다르다

주택의 가격은 시세와 공시가격으로 구분된다. 시세는 주택이 실제로 거래되는 가격을 말하고, 공시가격은 정부가 산정해 공시하는 가격을 말한다. 특히 공시가격은 종합부동산세, 재산세 등 각종 세금 부과 기준은 물론, 건강보험료와 기초연금 등 사회복지에도 사용되기 때문에 생각한 것 이상으로 우리 실생활에 직접적인 연관이 있는 지표다.

그럼 공시가격은 실제 시세와 어떤 차이가 있을까? 어느 특정 아파트 단지에서 저층인 1층부터 4층 그리고 맨 꼭대기 층을 제외한 나머지 층을 '기준층'이라 부른다. 소위 '로얄층'이라 불리는 층수에서만 확보되는 대단한 조망권이 있다면 모를까, 그렇지 않다면 같은 동에서 기준층에 속하는 아파트는 비슷한 가격으로 거래된다.

그런데 보유세의 부과 기준이 되는 공시가격은 같은 기준층이라도 각 층마다 그리고 배치 형태에 따라 세분화되어 있고, 생각보다 차이가 크다. 비록 1가구 1주택이지만, 종합부동산세까지 부과되는 공시가격의 아파트라면 그 차이는 더 커진다. 그럼 얼마나 차이가 나는지 확인해보자.

· 판교신도시 신축 아파트의 공시가격 층별 분포도 ·

2001	2002	2003
1901	1902	1903
1801	1802	1803
1701	1702	1703
1601	1602	1603
1501	1502	1503
1401	1402	1403
1301	1302	1303
1201	1202	1203
1101	1102	1103
1001	1002	1003
901	902	903
801	802	803
701	702	703
601	602	603
501	502	503
401	402	403
301	302	303
201	202	203
101		103

이는 판교신도시에 소재한 신축 아파트의 최근 공시가격 분포를 나타낸 것이다. 푸른색보다는 붉은색이, 연한색보다는 진한색이 공시가격이 더 높다. 이 아파트는 10층부터 19층, 그중에서도 가운데 라인이 공시가격이 가장 높다. 실제 이 아파트의 해당 동은 2020년 9월 기준, 8층 매물과 17층 매물이 22억 원에 나왔다. 그럼 시세가 동일함에도 2020년에 납부한 보유세는 얼마나 차이가 났는지 확인해 보자.

· 1002호와 603호의 보유세 비교 ·

이는 1002호와 603호의 보유세를 나타낸 것이다. 같은 기준층이고, 거의 비슷한 가격에 거래되고 있지만, 기준층 중에서 가장 낮은 보유세가 부과되는 호수와 가장 높은 보유세가 부과되는 호수는 무려 200만 원 가까이 차이가 나고, 매년 상승폭도 더 큰 것을 알 수 있다.

이는 1주택만을 보유했을 때의 차이다. 거주하고 있는 집이 있는데, 투자 목적으로 주택 하나를 더 매입해 2주택이 되면, 7·10 부동산 대책에 의해 보유세 부담이 더욱 가중된다. 앞서 종합부동산세가 0.6%만 올라도 실제 납부할 세금은 약 1천만 원 늘어나는 것을 계산해본 바 있다. 즉 같은 돈을 주고 주택을 매입했다 해도, 층수와 배치 형태에 따라 매년 부담해야 할 세금이 상당히 차이가 있다는 것을 알 수 있다.

그 지역에서 가장 입지가 좋은 아파트를 최우선 순위에 두고 매입을 고려하는 것이 맞지만, 필자는 자신의 생활에 무리가 가는 상황이라면 차선책을 택하라고 권한다. 하지만 무리를 해서라도 반드시 최우선 순위로 생각하고 있는 아파트를 사야 하는 경우가 있을 수도 있다. 매입까지는 어떻게든 하더라도 보유세 부담으로 유지가 힘든 상황이 올 수 있으므로, 실제 거래를 하기 전에 아파트의 공시가격 정도는 확인하고 계획을 세우는 것이 바람직하다.

공시가격과 예상 보유세 확인, 결코 어렵지 않다

네이버부동산(land.naver.com)에 자신이 관심 있게 보고 있는 아파트의 이름을 검색하고 단지 정보를 클릭해 아래로 스크롤하면, 해당 아파트 단지 내 면적별 정보를 확인할 수 있다. '동호수/공시가격'을 클릭하면 해당 단지의 준공연도, 가장 최근 실거래가, 현재 접수된 모든 매물의 대략적인 가격 분포, 각 매물의 상세 정보와 함께 아파트의 전 세대 공시가격을 색으로 구분해서 볼 수 있도록 해놓았다. 공시가격을 확인하고 싶은 호수에 마우스 커서를 가져다 대면, 해당 호수의 가장 최근 공시가격과 그 해 납부해야 할 보유세를 한눈에 볼 수 있다.

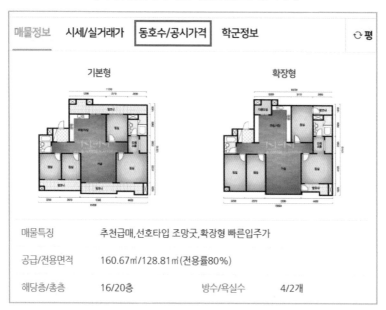

• 네이버부동산에서 확인 가능한 동호수 공시가격 •

출처: 네이버부동산

네이버부동산에는 간혹 동호수 공시가격을 제공하지 않는 단지도 있다. 이럴 때는 부동산공시가격 알리미(www.realtyprice.kr:447)를 이

용하는 것이 좋다. 부동산공시가격 알리미에 접속해 '공동주택 공시
가격'을 클릭하면 다음과 같은 화면이 나온다.

· 공동주택 공시가격 열람 ·

출처: 부동산공시가격 알리미

　　확인하고자 하는 단지의 상세 정보를 입력하면 해당 동호수의 공
시가격을 바로 확인할 수 있다. 다만, 부동산공시가격 알리미는 네
이버부동산과 다르게 확인하고 싶은 동호수의 정보를 일일이 찾아야
하고, 공시가격만 제공한다는 단점이 있다. 납부해야 할 보유세, 전
년 대비 상승률 등에 대한 정보는 제공하지 않는다. 네이버부동산과
부동산공시가격 알리미를 상황에 따라 적절하게 활용하길 권한다.

더블 역세권이
무조건 답은 아니다

청약 당첨 가능성이 낮다면
입지 좋은 구축 아파트에 주목하자

필자는 사회초년생이나 신혼부부, 청약 가점이 낮은 무주택자,
1주택자에게 확률이 낮은 청약에 계속 도전하기보다는 입지 좋은 구
축 아파트를 적극적으로 매입할 것을 권하는 편이다. 요즘 대부분의
아파트 분양은 가점제로 당첨자를 선발한다. 추첨제는 가점과 상관
없이 청약할 수 있지만, 배정된 세대수가 극히 적어 경쟁률이 상당히
높은 것이 일반적이다. 그리고 1~2년이 지나도 청약 가점이 거의 오
르지 않는 반면, 입지 좋은 구축 아파트는 불과 1~2년 사이에 억 단

위로 가격이 오르기도 한다.

그렇다면 입지 좋은 아파트란 어떤 아파트일까? 각자 생각하는 것이 조금씩 차이가 있을 수 있겠지만, 일반적으로 역세권 범위에 들어오는 아파트, 우수한 학교가 가까이에 있는 아파트, 세대수가 넉넉하고 거래가 활발하게 이루어지는 아파트를 입지 좋은 아파트라 말한다. 그런데 자세히 들여다보면 사실 뚜렷한 기준은 없다. 전철역 바로 옆에 있는 아파트는 다 좋은 아파트인지, 학교가 가까이에 있다면 얼마나 가까이에 있어야 하는지, 세대수가 넉넉해야 한다면 도대체 몇 세대 이상이어야 하는지 기준이 애매하다. 지금부터 객관적인 데이터를 근거로 명확하게 정리해보자.

더블 역세권 vs 단일 역세권

간혹 신규 아파트 분양 광고를 보면 2개 노선이 지나가면 더블 역세권, 3개 노선이 지나가면 트리플 역세권이라며 해당 아파트가 최고의 교통 여건을 갖추고 있다고 자신있게 홍보한다. 그런데 단순하게 노선이 몇 개 겹쳤다고 최고의 교통 여건을 갖춘 아파트라 섣불리 말할 수 있을까? 반대로 노선이 하나만 지나간다면 더블 역세권이나 트리플 역세권에 비해 상대적으로 가치가 낮다고 할 수 있을까? 더블 역세권 주안역 주변의 아파트를 예로 들어보겠다.

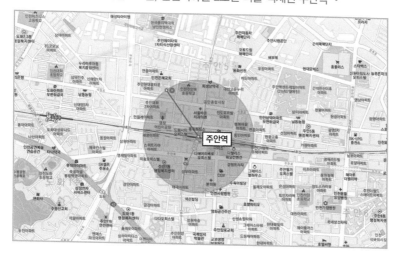

- 서울지하철 1호선, 인천지하철 2호선 더블 역세권 주안역 •

출처: 카카오맵

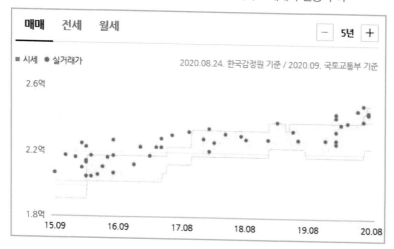

• 2015~2020년 더블 역세권 주안역 주변 아파트 매매가 변동 추이 •

출처: 네이버부동산

이 아파트는 주안역에서 약 300m 떨어진 곳에 위치한 역세권 아파트다. 더욱이 주안역은 서울지하철 1호선과 인천지하철 2호선이 지나가는 더블 역세권이다. 그런데 이 아파트의 2015~2020년 매매가 변동 추이를 살펴보면, 세부적으로 볼 것도 없이 큰 가격 변동이 없었다. 표준편차를 줄이는 차원에서 예를 하나 더 들어보겠다.

• 인천지하철 1호선, 수인선 더블 역세권 원인재역 •

출처: 카카오맵

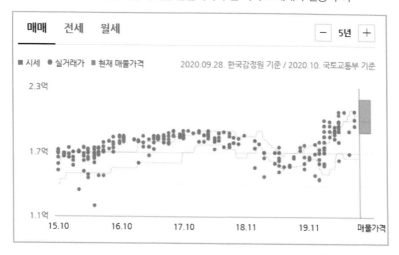

출처: 네이버부동산

이 아파트는 원인재역에서 불과 100m 정도 떨어진 곳에 위치한 초역세권 아파트다. 원인재역 역시 인천지하철 1호선과 수인선이 지나가는 더블 역세권이다. 그런데 이 아파트의 2015~2020년 매매가 변동 추이를 살펴보면, 큰 변동이 없었다. 참고로 인천광역시는 비규제 지역 프리미엄 덕분에 외부 투자자본이 집중되어 단기간에 상당한 아파트 가격 상승이 있었던 지역이다. 그런데도 최근 5년간 별다른 가격 상승이 없었다는 것은 무엇을 의미할까? 이를 통해 우리는 비록 더블 역세권을 형성하고 있다 해도 모든 노선이 아파트 가격에 긍정적인 영향을 미치는 것은 아니라는 사실을 알 수 있다.

그렇다면 이번에는 단일 역세권 구축 아파트의 사례를 살펴보자.

• 5호선 단일 역세권 하남시 구도심 주변 •

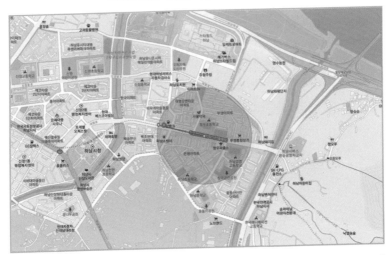

• 2015~2020년 5호선 단일 역세권 하남시 구도심 주변 구축 아파트 매매가 변동 추이 •

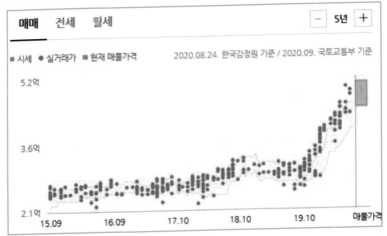

이 아파트는 5호선 연장선이 들어오는 경기도 하남시 구도심 주변에 위치한 20년이 넘은 구축 아파트로, 세대수가 1천 세대가 되지 않는다. 그런데 2015~2020년 매매가 변동 추이를 살펴보면, 무려 3억 원 가까이 상승한 것을 알 수 있다. 노선 하나만 들어왔을 뿐인데, 이전에 비해 아파트 가격이 엄청나게 상승한 것이다. 즉 단순히 노선 개수가 많다고 해서 좋은 게 아니라, 단 하나의 노선이 들어오더라도 얼마나 편리하고 빠르게 서울 중심지로 접근할 수 있느냐가 중요하다고 볼 수 있다.

참고로 하남시 구도심은 서울 업무 중심지와 물리적 거리는 그다지 멀지 않지만 마땅한 교통수단이 없어 불편을 겪었던 곳이다. 하지만 5호선 연장으로 서울 업무 중심지로의 접근성이 획기적으로 좋아질 전망이다.

초등학교,
단순 거리보다 접근성이 더 중요하다

중학교, 고등학교보다
초등학교의 접근성이 중요한 이유

    아파트의 미래가치를 결정할 때 중학교와 고등학교보다 초등학교의 접근성이 중요한 이유는 무엇일까? 스스로 통학이 어려운 어린 자녀의 안전한 통학 환경을 위해 자녀의 진학 시기에 맞춰 초등학교 접근성이 좋은 아파트로 온 가족이 이동하는 경우가 많기 때문이다. 즉 매년 초등학교에 입학하는 정원은 정해져 있으므로, 초등학교 접근성이 좋은 아파트는 고정 수요가 확보되어 그렇지 않은 아파트에 비해 높은 시세가 형성된다. 이러한 의미에서 이번에는 학교, 그중에서도 초등학교 접근성에 대해 살펴보자.

학군은 역세권 못지않게 아파트 가치에 큰 영향을 미친다. 아파트 단지 내에 초등학교를 품고 있는 일명 '초품아'라면 모르겠지만, 충분히 도보로 통학할 수 있을 만큼 떨어져 있다면, 단순히 거리만 가까우면 되는지, 아니면 접근성이 더 중요한지 그 기준이 애매하다. 실제로 아파트 단지와 초등학교까지의 단순 거리 그리고 접근성이 어떤 영향을 주는지 살펴보자.

• A아파트와 B아파트의 위치 •

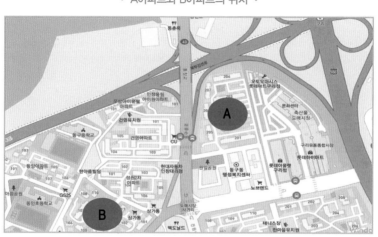

출처: 네이버지도

지도에 표시된 두 아파트는 8호선 연장 호재를 함께 누리는 역세권 아파트로, 준공연도도 2005년과 2006년으로 비슷하고, 세대수 역시 600세대 전후로 비슷하다. 또한 아파트 정문에서 학교까지의 물리적 거리도 비슷하다. 먼저 A아파트부터 살펴보자.

• A아파트에서 초등학교까지의 경로 •

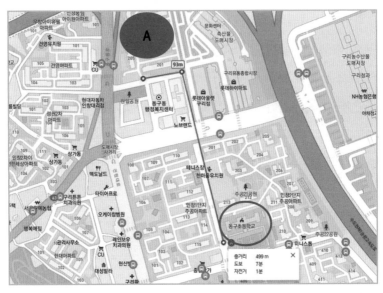

출처: 카카오맵

• 2015~2020년 A아파트 매매가 변동 추이 •

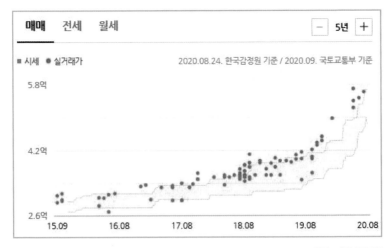

출처: 네이버부동산

A아파트 정문에서 초등학교 정문까지의 거리는 500m 정도다. 그런데 지도를 자세히 보면, 중간에 하얀색으로 큰길이 하나 있다. 이는 아파트에서 학교까지 가려면 4차선 대로를 건너야 한다는 의미다. A아파트의 2015~2020년 매매가 변동 추이를 살펴보면, 2017년에는 3억 원대 중반에 거래되었고, 2020년 8월에는 5억 원대 후반에 거래되었다. 3년간 2억 5천만 원 정도 상승한 것이다. 그렇다면 이번에는 B아파트를 살펴보자.

· B아파트에서 초등학교까지의 경로 ·

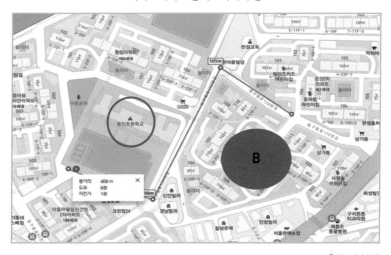

출처: 카카오맵

• 2015~2020년 B아파트 매매가 변동 추이 •

출처: 네이버부동산

　B아파트 정문에서 초등학교 정문까지의 거리는 410m 정도다. B아파트의 2015~2020년 매매가 변동 추이를 살펴보면, 2017년에는 3억 원대 중반에 거래되었고, 2020년 9월에는 6억 원대 중반에 거래되었다. A아파트보다 7~8천만 원 더 상승한 것이다. 이를 통해 다른 조건은 모두 비슷하더라도 초등학교 등하교를 할 때 큰길을 건너야 하느냐, 그렇지 않느냐에 따라 시간이 흐를수록 아파트 가격차가 나는 것을 명확하게 알 수 있다.

　만약 임장을 간다면 아파트 정문에서 초등학교 정문까지의 거리가 얼마나 되는지, 시간이 얼마나 걸리는지 확인해보는 것도 중요하지만, 그보다는 아파트에서 초등학교까지 접근하기가 얼마나 안전하고 편안한지를 우선순위에 두고 체크하는 것이 바람직하다.

나홀로 아파트라고 해서 다 같은 나홀로 아파트가 아니다

나홀로 아파트, 미래가치를 기대하기 어려울까?

대부분의 사람이 세대수가 많은 아파트는 선호도가 높고, 한 동만 있는 이른바 '나홀로 아파트'는 선호도가 떨어진다고 알고 있다. 아무래도 단지 수가 적으면 주변 아파트에 비해 분양가가 저렴하고 시세도 저렴할 테니, 불가피하게 그 지역에 거주해야 하고 자금이 넉넉하지 않다면 차선책으로 나홀로 아파트를 선택할 수도 있을 것이다. 그렇다면 나홀로 아파트라고 해서 미래가치를 기대하기 힘들까?

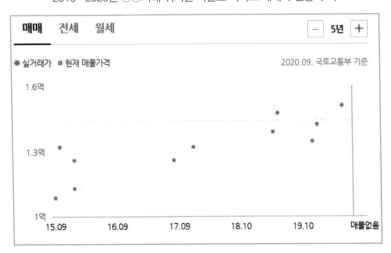

이 아파트는 100세대 미만의 나홀로 아파트다. 주변에 이 아파트와 별반 다를 것 없는 나홀로 아파트와 빌라만 몇 채 있을 뿐, 주로 상가주택과 단독주택이 있는 평범한 주거 지역이다. 이 아파트의 2015~2020년 매매가 변동 추이를 살펴보면, 가격 상승이 거의 없는 것을 알 수 있다. 참고로 이 지역은 2019년에 전국 집값 상승률 1위를 기록한 바 있다. 사례를 하나 더 살펴보자.

• 암사역 주변에 위치한 나홀로 아파트 •

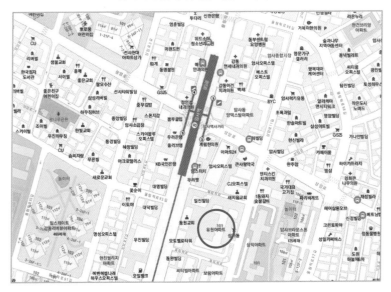

출처: 네이버지도

• 2015~2020년 암사역 주변에 위치한 나홀로 아파트 매매가 변동 추이 •

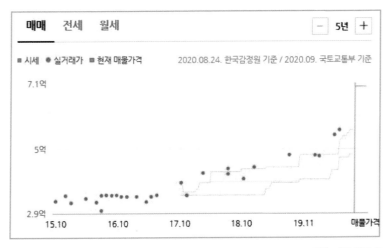

출처: 네이버부동산

이 나홀로 아파트의 2015~2020년 매매가 변동 추이를 살펴보면, 최근 3년간 2억 원가량 상승했다. 이 아파트 주변에는 풍부한 세대수를 갖춘 아파트들이 인접해 있다. 많은 사람이 나홀로 아파트를 기피하는 이유 중 하나는 주변에 생활 편의시설이 부족해 불편하기 때문이다. 그런데 주변에 대단지 아파트가 많으면 중심 상권과 생활편의시설이 대단지 아파트 수요에 맞게 잘 갖추어져 있기 때문에 생활 인프라를 공유할 수 있다.

물론 3년간 2억 원가량 오른 것은 주변 대단지 아파트에 비하면 상승폭이 작지만, 상승폭의 차이만 있을 뿐, 주변 대단지 아파트 시세 흐름과 함께하기 때문에 충분히 차선책으로 선택할 가치가 있다. 말 그대로 나홀로 아파트라고 해서 다 같은 나홀로 아파트가 아니라는 뜻이다.

아파트 주변의 도로 개선,
큰 호재로 볼 수 있을까?

도로 여건 개선은
무조건 호재?

아파트 분양 광고 전단지를 보면 '남부순환로, 경인고속도로, 서부간선로 접근 용이'와 같은 문구를 쉽게 찾아볼 수 있다. 아파트가 들어설 자리 근처에 새로운 도로가 생길 예정이거나 기존에 도로가 잘되어 있으니 향후 가치가 높다는 의미일 것이다. 모두 그런 것은 아니지만 전철을 이용하기 불편한 신규 분양 단지들이 주변 도로 상황을 내세워 이런 식의 홍보를 많이 하고 있다.

그런데 과연 주변 도로 여건이 아파트 미래가치에 큰 영향을 미칠까? 이에 대한 답은 현 정부의 서울 및 수도권 주요 지역의 주택 가격 안정을 위한 정책만 보더라도 쉽게 얻을 수 있다. 현 정부의 여러 슬로건 중에서 서울 도심까지 30분대에 출퇴근이 가능하게 하는 것이 핵심이다 보니 다른 무엇보다 광역고속전철 개발에 많은 예산을 투입하고, 사업도 빠르게 진행하고 있다. 그리고 실제로 1980~1990년대만 하더라도 도로가 신설되거나 확장되면 주변 부동산에 상당한 영향을 미쳤지만, 지금은 다른 교통망보다 신설 철도 계획이 주변 부동산에 큰 영향을 미치는 추세다.

정리하면, 도로가 먹고사는 일차원적인 문제를 해결하기 위한 교통호재였다면, 철도는 단순하게 먹고사는 문제를 넘어 고도화된 경제 수준에 맞는 편리한 삶을 살 수 있도록 해주는 교통 호재다. 따라서 현시대에서 아파트 가치를 평가할 때는 도로 여건보다는 서울 접근성이 좋은 전철 노선에 초점을 맞추는 것이 바람직하다. 주변 도로 여건이 좋아도 기존 전철역까지의 거리가 멀거나 신설 철도 계획이 아예 없다면 아파트의 미래가치는 크지 않다고 판단해도 좋다.

아파트 주변 경사도를 체크하자

계약 전에 임장은 필수다. 필자는 임장을 가면 아파트와 전철역까지의 거리는 물론, 반드시 주변 경사도도 체크한다. 이때 주요 진입로뿐 아니라 아파트 단지로 통하는 모든 진입로의 주변 경사도를 체크한다. 인터넷 지도나 분양 광고 전단지 등을 통해서는 이에 대한 정확한 정보를 얻기 힘들다. 인터넷 지도는 평면으로 표시되어 있고, 분양 광고 전단지에는 분양 실적에 악영향을 미칠 요소는 부각시키지 않기 때문이다.

물론 다른 조건은 모두 좋은데 경사도가 조금 있다고 해서 주변 아파트에 비해 형편없이 저평가되지는 않지만, 경사도가 심하면 주변 아파트 가격이 모두 상승할 때 그 아파트는 그보다 덜 오를 수도 있다. 또한 매도하고자 할 때 원활하게 거래가 이루어지지 않아 환금성에 문제가 생길 수도 있다. 부동산은 결국 팔아야 내 손에 이익이 들어온다는 사실을 잊지 말아야 한다.

3기 신도시 입주,
가장 신경 써야 할 것은
예정지 주변 전세가

3기 신도시
전세가 변동 추이

각 3기 신도시가 들어오는 도시의 최근 3개월간 전세가 변동 추이를 살펴보면, 예정지 전체가 전반적으로 큰 폭으로 상승했지만, 세부적으로는 각 도시마다 변동폭의 차이가 확연하다. 전세가 변동폭의 차이는 각 3기 신도시의 선호도 차이를 대변한다고 볼 수 있다. 역시 서울의 주요 노선이 다수 들어오는 하남시가 가장 큰 주목을 받고 있고, 아직은 마땅한 서울 접근 교통수단이 없는 부천시와 인천광역시는 가장 선호도가 떨어지는 것으로 나타나고 있다.

다만, 최근 남양주시의 선호도가 급격히 올라간 이유는 9호선 5단계 추가 연장 사업 가능성이 커졌기 때문이라 짐작한다. 9호선은 현재 4단계까지 예비타당성 조사를 통과한 상태이고, 구간 종점인 고덕강일1지구에서 하남 미사를 거쳐 남양주시 왕숙신도시까지 노선을 확장하는 사업이 계획 중이다. 9호선은 서울 주요 노선인 만큼, 실제 왕숙신도시까지 연결된다면 파급효과는 상당히 클 것이라 기대된다.

이렇듯 3기 신도시가 많은 관심을 받고 있지만, 입주를 원하는 사람들, 특히 사전청약에 당첨된 사람들은 실제 입주를 할 때까지 정확하게 언제 끝날지 모를 기나긴 전세살이를 해야 한다. 임대차 3법으로 주거 안정을 돕고 있지만, 지금 분위기만 보면 부작용이 더 크다. 과연 3기 신도시를 중심으로 한 전세 시장의 분위기는 앞으로 어떻게 흘러갈까?

왜 3기 신도시 예정지에 단기간 전세 수요가 집중되는 것일까?

이에 대한 답은 국토교통부가 2020년 9월 8일에 발표한 보도자료에서 찾을 수 있다.

3. 해당지역에 거주하지 않아도 청약이 가능한지?

① 기본적으로 수도권 등 해당지역에 거주 중이어야 사전청약이 가능하나, 의무 거주기간의 경우 본 청약 시점까지만 충족되면 최종적으로 입주여부가 확정됨

○ 다만, 주택건설지역의 규모, 위치, 투기과열지구 지정여부 등에 따라 의무 거주기간, 거주지 요건 등이 달라 청약자격 사전확인 필요

< 거주기간 및 우선공급 비율(본 청약 기준) >

구분	대규모 택지개발지구(66만m²이상)	그 외 지구
기본조건	공고일 현재 수도권 거주자	좌동
② 우선공급 조건	주택건설지역이 서울·인천인 경우 ①서울 또는 인천 1년(투기과열은 2년) 이상 거주자에게 50% 우선공급 ②수도권 거주자에게 50% 공급 주택건설지역이 경기인 경우 ①해당 시·군 1년(투기과열은 2년) 이상 거주자에게 30% 우선공급 ②경기도 6개월(투기과열지구 2년) 이상 거주자에게 20% 우선공급 ③수도권 거주자에게 50% 공급	해당 주택건설지역 (특별시·광역시 또는 시·군) 거주자에 100% 우선 공급 ※ 자치단체장이 별도의 기준을 정할 수 있음

출처: 국토교통부

위 보도자료의 ① 부분을 보면 표면적으로는 해당 지역에 거주하지 않아도 3기 신도시 사전청약을 하는 데는 문제가 없지만, 결국 해당 지역 거주 여부에 따라 당첨률이 달라진다. 결정적으로 3기 신도시 사전청약에 최종 당첨되기 위해서는 사전청약일 전까지는 무슨일이 있어도 해당 지역에 완전히 주민등록을 이전하고 거주하는 상태가 되어야 한다. 정확한 사전청약 물량과 일정이 발표되기 이전부터 가장 기본이 되는 거주 조건을 채우자는 판단에서 나온 결과라고 본다.

3기 신도시 예정지가 없는
기타 경기도 전세가의 흐름은?

필자의 개인적인 판단으로는 기타 경기도도 시간이 흐를수록 3기 신도시 예정지가 있는 지역과 가격 흐름을 함께할 것이다. 앞서 언급한 보도자료의 ② 부분을 보면 3기 신도시 사전청약을 할 때 해당 지역 거주자에게 최우선 기회가 주어지고, 해당 지역 거주자에게 주어지는 비율을 제외한 나머지에 대해서는 수도권 거주자에게 기회가 주어진다. 즉 해당 지역에 거주하지 않으면 단지 당첨률만 낮아지는 것일 뿐, 무주택 상태를 유지하면 여전히 3기 신도시에 기회가 있기 때문에 임대차 3법 파급효과에 더해 경기도 전역으로 전세가 상승 분위기가 이어질 것을 예상할 수 있다.

어디가 집중적으로
전세가가 오를까?

3기 신도시가 들어오는 지역이라 해도 세부적으로 들여다보면 같은 지역 내에서도 전세가 격차가 있을 것이라 예상된다. 일단 3기 신도시 전세 수요 집중은 안정적인 주거생활을 위한 것이 아니라, 3기 신도시 청약 당첨을 위한 거주가 주된 이유다. 따라서 비싼 집을 구할 필요가 없기 때문에 전반적으로 전세가가 비싼 신도시보다는 상대적으로 전세가가 낮은 구도심을 더 선호할 것으로 보인다.

그리고 이번 3기 신도시 사전청약은 공공분양이다. 공공분양은 청약 가점이 아니라 청약통장 납입 횟수와 잔액이 중요하다. 즉 매달 10만 원씩 최대한 오랜 기간 돈을 넣은 사람이 유리하다. 사회초년생이나 이제 막 결혼한 신혼부부는 상대적으로 불리할 수밖에 없다. 물론 이들은 특정 조건을 충족해 특별공급에 도전하는 것이 좋지만, 이 또한 경쟁률이 만만치 않을 것이다.

청약통장 잔액이 많은 사람은 사회 경험도 많고 가정도 있을 확률이 크니, 1인이 거주할 수 있는 초소형 주택보다는 최소 20평대 이상 주택으로 전세 수요가 집중될 것으로 보인다. 그리고 해당 지역으로 이주를 해도 계속해서 출퇴근을 해야 하기 때문에 상대적으로 역세권 주택으로 전세 수요가 집중될 것이다.

3기 신도시 입주가 목표인데, 당장 그리고 앞으로의 높은 전세보증금이 부담이라면, 앞서 언급한 조건을 피해 거주할 집을 구하는 것도 하나의 방법이 될 것이다.

단기간에 급등한 전세가, 다시 폭락할 가능성은?

이론상으로는 특정 지역에서 전세 계약이 만료되고 전출하는 세대만큼 새롭게 계약을 하고 전입하는 세대가 있어야 균형이 잡힌다. 그런데 나가는 세대는 있는데 들어오는 세대가 없거나, 반대로 나가는 세대는 없는데 들어오는 세대가 있다면 균형이 깨진다. 즉 3기 신도시 예정지 주변 전세가가 어느 한쪽으로 균형이 깨질 가능성이 있는 지를 따져보면 전세가가 폭락할 가능성이 있는지를 알 수 있다. 다음 표를 보자.

• 2021년 하반기와 2022년 3기 신도시 주요 입지 및 청약 물량 현황 •

추진 일정		주요 입지 및 청약 물량(단위: 천 호)
2021년	7~8월	인천계양(1.1), 노량진역 인근 군부지(0.2), 남양주진접2(1.4), 성남복정1·2(1.0), 의왕청계2(0.3), 위례(0.3) 등
	9~10월	남양주왕숙2(1.5), 남태령군부지(0.3), 성남신청(0.2), 성남낙생(0.8), 시흥하중(1.0), 의정부우정(1.0), 부천역곡(0.8) 등
	11~12월	남양주왕숙(2.4), 부천대장(2.0), 고양창릉(1.6), 하남교산(1.1), 과천과천(1.8/2018년 발표지구), 군포대야지(1.0), 시흥거모(2.7), 안산장상(1.0), 안산신길2(1.4), 남양주양정역세권(1.3) 등
2022년		남양주왕숙(4.0), 인천계양(1.5), 고양창릉(2.5), 부천대장(1.0), 남양주왕숙2(1.0), 하남교산(2.5), 용산정비창(3.0), 고덕강일(0.5), 강서(0.3), 마곡(0.2), 은평(0.1), 고양탄현(0.6), 남양주진접2(0.9), 남양주양정역세권(1.5), 광명학온(1.1), 안양인덕원(0.3), 안양관양(0.4), 안산장상(1.2), 안양매곡(0.2), 검암역세권(1.0), 용인플랫폼시티(3.3) 등

출처: 국토교통부(2021년 1월 기준)

3기 신도시 사전청약 물량은 2021년 하반기와 2022년에 각각 3만 가구씩 나눠 분양한다. 일단 사전청약 물량이 가장 많은 왕숙신도시를 보면, 2021년 9월에 1,500세대, 11월에 2,400세대, 2022년에 4천 세대를 분양한다. 모두 합쳐도 8천 세대가 안 된다. 왕숙신도시에 예정된 물량이 6만 6천 세대인데, 사전청약 물량은 10분의 1 수준에 불과하다.

물론 향후에 본 청약에 당첨된 세대까지 더하면 단순 계산상으로만 보더라도 3기 신도시 청약을 위해 10가구가 전세를 구해 해당 지역으로 전입했다면, 그중 2~3가구만 공공분양을 받은 집으로 전입하게 된다는 계산이 나온다. 그리고 나머지 세대는 뒤에 이어질 일반 분양을 노리거나 청약을 포기하고 다른 지역으로 이동할 것이라 예상할 수 있다.

그럼 3기 신도시 예정지의 상황에 직접 대입해보자. 3기 신도시 사전청약을 목표로 단기간에 전세 수요가 몰리면서 전세가가 급등했다. 즉 전입이 전출보다 압도적으로 많아 단기간에 전세가가 급등했지만, 전출할 때는 각 분양 단지마다 분양 날짜와 입주 날짜가 천차만별이기 때문에 순차적으로 전출하게 된다.

정리하면, 단기간에 집중된 전세 수요로 급등한 전세가는 다시 단기간에 많은 수요가 빠져나가야 폭락하게 되는데, 3기 신도시 사전청약을 위해 들어온 수요는 단기간에 한꺼번에 빠져나가는 것이 아니라 긴 시간을 두고 순차적으로 조금씩 빠져나가기 때문에 전출 세대와 전입 세대의 균형이 계속 이어져 전세가가 급락할 가능성이 낮다. 더욱이 사전청약에 당첨되어 최종적으로 그 집이 내 소유가 되기 위해서는 그 어느 조건보다 무주택 상태를 끝까지 유지하는 것이 중요하다.

물론 별도 규정으로 사전청약에 당첨된 이후에도 일반 분양에 청약을 할 수 있고, 마음이 바뀌어 기존 구축 아파트를 매입할 수도 있지만, 그렇게 되면 애써 당첨된 사전청약이 취소된다. 즉 사전청약에 당첨되더라도 실제 입주까지 적게는 5년, 길게는 7~8년 무주택 상태를 유지해야 하기 때문에 해당 지역에서 계속 전세로 살 수밖에 없다. 기존 계약을 계속 유지하거나, 임대차계약을 종료하더라도 어차피 다른 전셋집을 또 구해야 하기 때문에 여전히 전세 매물이 한꺼번에 쏟아질 가능성이 낮은 것이다.

가장 중요한 토지 보상, 언제 마무리될까?

중요한 것은 3기 신도시 예정지 중에서 토지 보상이 완료된 곳이 없다는 것이다. 각 3기 신도시의 토지 보상에 대한 공고 시점은 늦어도 2021년 상반기 중으로 마무리 짓는다는 계획이지만, 설령 예정된 시기에 맞춰 구체적인 계획이 나온다 하더라도, 토지 보상 진행이 쉽지 않을 전망이다.

• 3기 신도시 토지 보상 일정 •

사업지구명	보상 시기	추정 보상액
남양주시 왕숙1	2021년 상반기	5조 7,357억 원
남양주시 왕숙2	2021년 상반기	–
인천광역시 계양	2020년 12월	1조 1,384억 원
하남시 교산		6조 7,693억 원
과천시 과천	2021년 상반기	2조 2,800억 원
부천시 대장	2021년 12월	9,626억 원
고양시 창릉		6조 3,630억 원

출처: 전국개발정보지존(2021년 1월 기준)

토지 보상은 각 개인이 소유하고 있는 신도시 예정지 땅을 공적 주체가 일괄 매입한 후에 지구단위계획에 맞게 재분양하기 위해 거치는 절차다. 그 많은 땅을 모두 매입하려면 땅 주인들과 협상 과정을 거쳐야 하는데, 문제는 실제 매매가의 3분의 1 수준밖에 안 되는 공시지가를 기준으로 협상해야 하기 때문에 협상이 원활하게 진행되기 어렵다는 것이다. 내 재산을 3분의 1 가격에 가져가겠다는데 어느 누가 가만히 있겠는가?

실제로 3기 신도시 예정지 주변에 가보면 '내 땅을 절대 내놓을 수 없다'라는 내용의 플래카드가 여기저기에 붙어 있는 것을 볼 수 있다. 수십 년 동안 개발제한구역으로 묶여 제대로 된 재산권조차 행사하지 못했는데 갑자기 신도시를 조성하겠다며 싼값에 내놓으라고 하니, 그 억울한 마음이 충분히 이해가 간다.

이렇듯 토지 보상이 미뤄지면 신도시 조성 전체 일정이 미뤄지는 등 큰 문제가 발생할 수 있다. 토지 보상이 제대로 진행되지 않는다면, 그 기간만큼 신도시 입주 예정일도 미뤄지기 때문에 그 지역에서 전세 수요가 머무는 기간은 더 길어질 것이고, 결국 시장에 전세 공급이 되지 않으니 전세가가 올라갈 가능성이 크다.

전세가가 내려가면 임대차 3법과 시너지를 만들어 3기 신도시 입주를 앞두고 있는 사람들에게 낮은 가격으로 장기간 거주할 수 있는 집을 제공하는 효과가 생긴다. 하지만 현재 상황과 앞으로의 계획을 보면, 결국 3기 신도시 예정지 주변뿐 아니라, 나아가 수도권 전체의 전세가가 점점 더 오를 가능성이 큰 상태다.

전세가가 계속 오르면 3기 신도시를 포함한 여러 분양 단지에 청약을 앞둔 무주택자가 감수해야 할 또 하나의 부담이 생기는 꼴이다. 3기 신도시 분양 단지에 당첨이 되는 것도 중요하지만, 청약을 준비하는 순간부터 입주하는 순간까지 결코 짧지 않은 시간 동안 주변 전세가 변동 추이를 예의주시하며 철저한 계획을 세워 대비하는 것 역시 중요하다.

그래도 그나마 당첨이라도 되면 다행이다. 입주까지 기간이 길어지더라도 희망이 있으니 어떻게든 버틸 수 있다. 그런데 사전청약은 물론, 본 청약 그리고 계속 이어지는 일반 청약에도 당첨이 되지 않는다면, 그동안 올라버린 집값과 전세가는 무슨 수로 감당할 것인가? 3기 신도시를 목표로 하고 있거나 심지어 사전청약에 당첨이 되었다 하더라도, 수시로 다른 일반 분양에 청약을 하거나 언제든 입지 좋은 구축 아파트를 매입할 수 있도록 늘 준비할 필요가 있다는 것을 강조하고 싶다.

철저한 분석으로
자신의 상황에 맞는 투자처를 찾자

지금까지 유망하다고 판단되는 경기도 주요 16개 지역을 자세히 분석해보았다. 이 책을 통해 결국 경기도에서 미래가치가 높은 지역은 서울 접근성을 높이는 고속전철이 신설되거나 새로운 세상이 될 만큼의 대규모 개발이 있는 곳이라는 사실을 깨달았을 것이다. 이 두 가지를 모두 갖춘다면 매우 좋겠지만, 이 중 하나만 갖추어도 이전에 비해 지역 가치가 훨씬 높아질 것이다.

우리는 정부가 새로운 부동산 정책을 발표하고, 새로운 지역을 추가 규제 지역으로 묶을 때마다 공기를 가득 채운 풍선 한쪽을 누르면 다른 한쪽이 더 부풀어 오르듯, 인위적인 규제로 누르지 않은 다른 지역의 집값이 단기간에 급등하는 현상을 경험했다. 이것이 바로 우리가 잘 알고 있는 풍선효과다. 하지만 이것은 어디까지나 큰 틀에서 보는 시각이다. 이 책에서 소개한 사례를 통해 풍선효과를 경험했다고 잘 알려진 지역이라 해도 자세히 들여다보면 아파트 가격 변동은 입지에 따라 천차만별인 것을 알 수 있었다.

그리고 풍선효과를 제대로 경험한 지역은 공통점이 있었다. 바로 서울 업무 중심지로의 접근성이 좋은 대형 교통 개발호재가 있었다는 사실이다. 우리나라 경제 성장이 고도화되고, 부동산 규제가 강화될수록 교통 개발호재는 다른 요소들보다 부동산 가치 상승에 미치는 영향이 점점 커질 수밖에 없다. 실제 효과가 얼마나 있는지 모르겠지만, 어쨌든 정부도 주택 공급을 늘리기 위한 방안을 꾸준히 내놓고 있고, 강력한 규제로 이제부터는 꼭 필요한 거래 위주로 성사되어 거래량 자체가 대폭 감소할 것이다.

필연적으로 시간이 흐를수록 지역 간 격차가 발생하고, 지역 내에서도 더욱 주목을 받을 아파트와 갈수록 관심에서 멀어지는 아파트가 생길 것이다. 또한 3기 신도시 조성으로 대규모 공급 물량이 쏟아져도 여전히 인기를 끌 아파트와 점점 도태될 아파트가 명확하게 구분될 것이다.

서울 및 수도권에서 아파트를 사놓기만 하면 웬만해서는 돈이 되던 시절이 있었다. 하지만 그런 묻지마식 막무가내 투기 방식은 더 이상 통하지 않는다. 앞으로는 이전보다 더 많은 공부가 필요하다. 시대 흐름에 맞게 어떤 요소가 부동산 가치 상승에 큰 영향을 미치는지 제대로 파악하고 방향을 잡아야 한다. 나만의 기준을 세워야 주변 목소리에 흔들리지 않고, 적절한 시기에 부동산을 사고팔 수 있다.

이 책을 통해 같은 경기도라 해도 지역마다 특징이 다르고, 대응 방법 또한 많은 차이가 있다는 것을 깨달았을 것이다. 정부가 새로운 부동산 정책을 발표할 때마다 언론과 부동산 유튜버들은 규제에서 벗어난 지역으로 투자자금이 집중될 것이라는 전망을 내놓는다. 하지만 각 지역의 특징을 이해하지 못한다면, 큰 낭패를 볼 수도 있다.

필자는 그동안 두 권의 책을 집필하고, 1년 넘게 부동산을 주제로 유튜브 채널을 운영하면서 큰 수익을 올리는 방법보다는 투자자들을 위험으로부터 보호하는 내용을 다루는 것에 중점을 두었다. 필자의 전작과 이 책에 담긴 내용을 적극 활용한다면, 투자자들은 현상 유지밖에 되지 않는 노동 소득 외에 새로운 작은 희망이 생길 것이며, 실수요자들은 주변 아파트와 가격 흐름을 함께하는 똘똘한 내 집 한 채를 마련할 수 있을 것이다.

철저한 공부와 뚜렷한 목적 없는 묻지마식 투기는 마땅히 근절되어야 하지만, 시대 흐름을 따라가지 못하고 언젠가는 집값이 떨어질 것이라는 막연한 기대감을 갖는 것 또한 바람직하지 않다. 이제는 정말 오를 지역만 오르고, 오를 아파트만 오를 것이다. 부디 이 책이 독자 여러분이 현명한 판단을 내리는 데 조금이나마 도움이 되기를 소망한다.

사두면 오르는 아파트,
서울과 연결된 신설 역세권에 있다!

GTX 시대,
돈이 지나가는 길에 투자하라

박희용(부동산히어로) | 260쪽 | 17,000원

▶ GTX, 도시철도 연장선 호재 분석부터 수익을 실현하는 실전 매매 전략까지 한 권에 담았다!

▶ 역세권이면 무조건 만세? 진짜 호재는 따로 있다! 2021 부동산 블루오션 완벽 분석

▶ 서울에서 눈을 돌려 적은 돈으로 안정적인 수익을 올리는 곳을 찾자! 서울에서 파생되는 신설
역세권에 답이 있다!

▶ 현장조사 노하우부터 최신 세법을 완벽 반영한 실전 노하우 수록

부동산 왕초보를 위한
길벗의 부동산 시리즈 도서

부동산 상식사전

큰돈 들어가는 부동산 거래, 내 돈을 지켜주는 필수 상식 157!

▶ 계약 전 펼쳐보면 손해 안 보는 책!
▶ 집, 상가, 경매, 땅! 부동산 풀코스 완전 정복!
▶ 20만 독자의 강력 추천! 13년 연속 베스트셀러

백영록 지음 | 580쪽 | 17,500원

부동산 경매 무작정 따라하기

내 집 마련은 물론 시세 차익 실현, 임대 수익 창출까지!

▶ 부동산 경매의 A to Z
▶ 왕초보도 실수 없이 권리분석하고 안전하게 낙찰받는다!
▶ 부동산 경매 대표 입문서

이현정 지음 | 424쪽 | 18,000원

이기는 부동산 투자

시장과 정책에 흔들리지 않는 부동산 투자의 정석!

▶ 인기 부동산 팟캐스트 월전쉽이 공개하는 부동산 투자 비책
▶ 정책을 알면 현명한 투자의 길이 보인다!
▶ 부동산 현장에서 터득한 고급 정보와 알짜 노하우 공개!

월전쉽 지음 | 312쪽 | 16,500원